小学跑步教学（上册）

钟秉枢　主编

人民体育出版社

图书在版编目（CIP）数据

小学跑步教学：上下册 / 钟秉枢主编
. — 北京：人民体育出版社，2020
ISBN 978-7-5009-5780-5

Ⅰ. ①小… Ⅱ. ①钟… Ⅲ. ①健身跑 - 教学研究 - 小学
Ⅳ. ①G623.82

中国版本图书馆CIP数据核字(2020)第053604号

责任编辑：赵军
文字编辑：梁银波
图书设计：睿泽体育

*

人 民 体 育 出 版 社 出 版 发 行
北 京 中 科 印 刷 有 限 公 司 印 刷
新　华　书　店　经　销

*

889×1194　16开本　17.125印张　464千字
2020年8月第1版　2020年8月第1次印刷
印数：1-3,000册

*

ISBN 978-7-5009-5780-5
定价：136.00元（上下册）

社址：北京市东城区体育馆路8号（天坛公园东门）
电话：67151482（发行部）　邮编：100061
传真：67151483　邮购：67118491
网址：www.sportspublish.cn

本书编写组

总　策　划

耐克体育公益部

主　　　编

钟秉枢

前言

Preface

活跃的孩子更出色
运动让孩子们更健康、更快乐、更成功

跑步是人类最基本的运动方式之一。千百年来，人类奔跑着追逐猎物、奔跑着逃避攻击、奔跑着探求最快与最远的极限。跑步作为一项运动在人类近现代社会中广受青睐，从人声鼎沸的竞技赛场，到或泥泞或乱石密布的山野，再到夜晚静谧的都市街巷，跑步运动的参与者、爱好者和受益者越来越多，大家通过跑步收获身心健康，拥有更高质量的生命。然而，在许多青少年心目中，跑步并不是一个“好玩”的运动项目，甚至是枯燥的、令人疲惫的，在校园中爱上跑步的学生数量有限。改变这样的局面取决于我们是否能够在校园中，开创全新的跑步运动轨迹。唯有激发学生对跑步运动的兴趣，并将这种兴趣培养融于学校的体育教学中，才可能最有效地从基层推动学生跑步运动的发展。

耐克体育公益部长期致力于为青少年提供积极的运动体验与倡导良好运动习惯的养成，继2014年开发《小学足球教学》教学资源后，“活力校园”项目组通过在上海跑步进课堂、进校园的实践，不断积累更适合于小学的跑步课堂的教学内容及活动形式，以激发学生对跑步运动的热情为出发点连接“教”“学”两端，为一线教师日常工作量身定做了《小学跑步教学》（上下册）教学资源。

本套教材的编写思想遵循“要树立健康第一的教育理念，开齐开足体育课，帮助学生在体育锻炼中享受乐趣、增强体质、健全人格、锤炼意志”和“五育并举”的教育现代化理念，实操内容是在多年教学实践中形成的。自2016年开始，耐克体育公益部和上海一线体育教育工作者在上海市教育委员会的支持下，以跑步公益项目为基础进行了两年多的实践积累，共计覆盖41所学校、217个班级；该项目于2018年初在北京部分学校也陆续开展起来。《小学跑步教学》延续了《小学足球教学》模块化实操教案的设计思路，同时创新性地为教师们提供了更多可自主选择与搭配的跑步游戏，以及在校内开展以“挑战日”为主题的跑步活动实施方案。同时，本套教材也鼓励教师、教练们在教学过程中，根据学生不同的身体素质、能力、性别、年龄，灵活使用，有针对性地从本套教材中选择合适的教学内容来构建完整的一节课或者一个教学单元。本套教材配有一些节选课堂实录视频，以便于大家直观地了解教学内容与活动实施。这些视频均来自上海部分试点学校的课堂，充分体现了不同教师对本套教材的理解与使用，形成自身的教学特点。

本套教材的一个重要理念是：为学生创造积极的运动体验，通过跑步，让学生爱上运动，为养成终身运动习惯打下基础。因此在编写过程中我们充分参考了国际上关于积极运动体验设计的体系。本套教材由一线体育教师、教研工作者及国内外学术专家共同编写，并由人民体育出版社出版发行。本套教材的出版离不开耐克体育公益部长久以来对国内青少年体育教育创新和发展的持续推动，以及对青少年跑步运动开展的实践，这也是对耐克倡导“MADE TO PLAY”的最好注解（详见https://www.nike.com/cn/made-to-play）。本套教材的开发得到了上海市教委的宝贵意见和大力支持，也特别感谢全国中小学体育教学指导委员会、中国教育发展基金会一直以来对“活力校园”项目的大力支持，感谢睿泽体育在项目策划实施、教学研发及后续培训工作中的统筹与推进。

作为国内第一套面向全国公开发行的小学跑步教学资源，我们希望《小学跑步教学》在符合国家全面推进素质教育的发展方向上更贴近一线体育教育工作者的使用习惯。在本套教材编写过程中，编写团队从来自全国各地的一线体育教师和教育工作者中搜集整理了很多反馈和建议，并对教学资源包进行了相应的修订。在此谨向所有参与编写和帮助过本书出版的教师们、同志们、朋友们表示由衷的感谢！

目录
CONTENTS

绪论

Introduction

理论依据

教材开发的主旨是在参与跑步运动的过程中，促进学生的体质健康；在参与跑步运动的过程中，让学生体验体育运动中的激情与曼妙，激发学生对体育运动的热爱，塑造学生的健康生活方式，使体育运动伴随学生一生的快乐成长。由对跑步活动的认知、伙伴互助关系、对自身跑步能力提高的过程逐步了解“跑步并不是一件枯燥的事情”。

我们将《小学跑步教学》的开发建立在心理学科的基础之上，以自我决定理论为主要的理论支撑，以便教材内容更能贴合学生的成长实际、贴近学生的生活、得到学生的认同。自我决定理论认为，学生的基本需求包括胜任感的需求、自主感的需求、归属感的需求。为了满足以上几点需求，本教材强调课程内容的适龄性和趣味性，帮助学生设立合适的目标，让学生有更多的机会体验成就感；强调对学生探究情景的设计，使学生能够提升自我意识和自我评价，获得高自尊；强调对学生合作平台的搭建，在共同参与的过程中，积极地对学生予以反馈与激励，使学生从教师和同伴那里获得更多的心理支持与心理能量。

跑步图

教材开发的
心理学基础——自我决定理论

《小学跑步教学》的使用者是体育教师，使用场景是体育课堂，因此教材设计应促进体育教师的有效教学。有效教学包括三个要素，即教学理念、教材目标、教学方法。为了实现有效教学，教师在执行时应调整相应教学理念，真正以学生为主体，尊重学生的主体性；《小学跑步教学》要具有适龄性、可行性，课堂目标要被学生知晓、理解，并能够有策略地执行；教学方法应围绕学生的身心发展规律，能够激发学生的参与动机和探究意识，促进学生知识、智力、情感、创造力、实践能力的发展，使学生获得知识学习能力、自主行为能力、人际互动能力，进而提升学生的核心素养。

设计标准

规划设计积极的早期活动体验，需要理解一些有助于开展高质量体育课程和身体活动的关键要素。这些要素可以确保每个学生都享受到积极有趣的活动体验，并且使他们更乐意参与身体活动，不会因为喜欢那些久坐不动的兴趣爱好而选择退出。

【广泛参与】

“让孩子们跑起来、跳起来、动起来，发挥出他们最大的潜能”是我们活动开发和设计的起点，也是本教材的目标所指。跑步运动对于学生而言，是参与门槛较低的项目，可消除学生对自我运动技能水平的顾虑甚至自卑。在编写教材的过程中，我们内心一直有一个声音——“让身体活动成为孩子日常生活的一部分。”我们的技能掌握目标是在此基础上以潜移默化的方式融入教学过程中，打消学生认为跑步“枯燥”“乏味”“没有意义”的刻板印象，将学生快乐的起点前置到参与的时间轴上，延长学生的快乐体验。

【适龄】

任何体育运动都应以科学为依据规划，即以每个年龄阶段的学生身体发育的特征、心理发展的特点为基础，充分彰显体育运动在每个年龄阶段的作用。学生参与适合自己年龄阶段的跑步运动，能够在“最近发展区”接受新的学习，在跑步运动中获得更多的胜任感、更多的积极期待，其发展会更有成果。故跑步资源包设计伊始，我们深入研究了不同年龄阶段学生身体、心理发育的特点，努力做到每个活动细节都能契合不同年龄阶段学生的特点。

【好玩】

兴趣是学生学习行为的起点，当学生对跑步运动做出“好玩”评价的时候，便建立了学生对这一项目的情景兴趣。情景兴趣来自即时的感受，可能源于跑步所带来的生理上的快乐感受，亦可能源于跑步所产生的心理上的愉悦体验。本教材的目标是塑造学生对跑步运动的终身喜爱，让跑步成为学生的个人兴趣。个人兴趣是长期的、持久的，个人兴趣来自不断累积的情景兴趣。因此，在本教材的撰写过程中，我们试图最大程度地在每个点上激发学生的情景兴趣，最终以点汇集成面，凝聚为学生对跑步的持久热爱。

【强度】

任何体育课程的设计都不应追求形式的华美，而应该关注学生是否得到了充分锻炼，即运动强度是否达标。在本教材撰写过程中，我们以兴趣为诱发点，吸引学生广泛参与，在此基础上，进一步结合跑步运动的特点，有机地将学生兴趣与跑步运动强度紧密地结合起来，真正做到“孩子笑了、孩子出汗了”，生理的积极反应会强化学生对体育运动的正确认知，进而从运动认知层面强化其对跑步运动的期待。

【反馈】

学生逐步成长、成熟的过程在于自我反思能力的形成，反思能力的初始阶段需要学生能够在“镜子”里看到自己，这面镜子就是“反馈”。学生参与跑步运动有三个反馈途径：教师对学生课堂表现客观而科学的评价、来自同伴的模仿和评价，以及在教师指导下形成的自我评价。因此在本教材撰写过程中，我们希望教师尽可能充分地建立体育教学中的多重反馈机制，促进学生反思意识的启蒙、反思能力的塑造以及反思习惯的养成。

【激励】

有效的激励会点燃学生的运动激情，有利于学生积极行为的正面强化，有利于学生秉承积极心理参与跑步运动，有利于师生之间建立起更为有效的关系模式。因此，本教材一直呼吁其使用者能够充分认识到有效激励的功能与价值，能够在教学实践中采用一系列的激励办法，使学生在短时期内体会到汗水带来的持续性回报。

【教师/教练/导师】

无论教体育、当教练还是创建身体活动的环境，体育锻炼都是一件需要认真对待的事情。要想做得好，就需要高水平的培训和持续的专业发展。本教材鼓励教师拥有多重身份，成为一名秉承创新理念的新型教师、一名促进学生运动技能提高的专业教练、一名启发学生心灵的导师。我们希望在每个活动环节中所倾注的情感与期待能够通过文字的脉络传递给每一位使用者，使每一位使用者做到“让学生的身体跑起来！让学生的心灵跑起来！”

逻辑与结构

本教材设计遵循学生发展的特点，立足于“学生处于生长中，学生处于关系中”，设计的横向维度上注重不同年级之间身体发育、心理发育的特点，在学习和练习的内容上呈现出循序渐进的态势，在保证内容科学性的同时，体现内容内在的一致性和整体性。为了更好地体现小学阶段学生发展的阶段性，将一至三年级教学内容归类为一册，四至六年级教学内容归类为一册，这构成了本教材设计的总体维度，突出高、低年级在内容设计、游戏选择、练习方法上的不同特点，但是在基本脉络上两者是连续的。

本教材的结构包括六个部分，分别是绪论、示范课教学方案、游戏化练习活动资源包、校内跑步活动实施——跑步激励包的设计与发放方法、跑步“挑战日”方案规划、跑步小知识。为了便于教师更好地使用本教材，绪论部分是作者的一些思考以及对于资源包在使用时的一些方法说明。一单元是示范课教学方案，一共提供了24份一至六年级的示范教案，为后续教师的课程设计提供参考。二单元是游戏化练习活动资源包，是教师课程设计的素材，教师可以根据教学实际情况从资源包中选取合适的素材，以示范课程教学方案为参考，组合、编排新的课程。此部分为教材的主体部分。体育教学因学情与客观环境的不同应具有个性化的设计，所以教师应充分了解影响教学行为的因素之后再进行组合、改编，从而保证有效教学的过程。当讨论学生的运动和游戏时，动机并非“游戏能有什么样的报酬”，而是能为他们的努力和进步提供有形或无形的奖赏。这样会使学生在短时期内体会到汗水带来的持续性回报，基于此，设计了三单元校内跑步活动实施——跑步激励包的设计与发放方法。为了更好地反馈教师课程方案的效果，以及增加学生对跑步学习和练习的积极期待，四单元设计了“挑战日”计划，即让学生在“挑战日”中展示自己的学习成果，增进学生之间的互动，进一步推进学生的自主参与与自我管理。五单元跑步小知识是从通识教育的视角出发，让师生通过他人参与跑步的故事了解跑步项目对于个人成长的意义。

学习方法论

本教材设计的核心宗旨是促进学生对跑步运动的参与，主动学习、自主学习、快乐学习、终身学习，四者构成了本教材的学习方法论基础。主动学习体现为学生在跑步运动中的主动参与，是学习效率与学习效果的基本保证，也是学习动机被充分调动的具体体现；自主学习体现了学生的主体性，学生在自主学习的过程中充分地伴随着自我的选择、自我的肯定，不断地体会到自我价值；快乐学习是学生学习的应然状态，也是学生能够持续拥有学习动力的本源所在；唯有上升至终身学习，才能实现教材设计的核心理念，促进跑步运动成为学生的终身所爱，促进学生健康生活方式的养成，让学生终身在“跑”中体验快乐。

实现学生的主动学习、自主学习、快乐学习、终身学习需要四个基本要素，即开放的学习环境、积极的学习引导、有效的学习反馈、持续的学习支持。本教材设计过程中强调学习环境要素的开放性，跑步的场所与形式灵活多样，不被拘泥于特定的框架之内，学生能够充分体验到更大程度的自由和更多维度的交往；教师的角色更多的是引导者与陪伴者，强化教师的教育职能，弱化教师的决策角色。有效的学习反馈来自教师评价、同伴评价与自我评价，三维评价体系能够使学生更准确、更全面地对自我的学习行为进行调整；持续的学习支持来自社会、家长、学校、教师、同伴，将跑步的文化融入社区、融入学校、融入课堂，才能够从多重环境中给予学生更为丰富的体验，不断地强化和支持学生的积极行为。

一单元

UNIT 1

示范课教学方案

PRIMARY SCHOOL RUNNING CURRICULUM

一年级

在强调基础身体素质培养的同时，通过趣味性的走与跑活动，巩固学生正确行进的身体姿态及规则意识，提高练习的参与度。

一年级 | 第一课

<走跑交替>

课时 40(分钟)

人数 32(人)

场地范围

28(米)x15(米)

教学步骤

1	开始部分	课堂常规	2 分钟
2	开场活动	你追我赶	10 分钟
3	主体活动	忽快忽慢	10 分钟
4	主体活动	大丰收	15 分钟
5	结束部分		3 分钟

教学设计思路

从开场活动到主体活动都贯穿着走、跑的交替，使学生了解走、跑技术的不同，在此过程中，提高学生的反应能力和在竞赛中的团队互助能力。

道具说明

8(个) 4(个) 15(个) 15(个) 15(个) 15(个)

分队背心

课堂常规

开始部分

学生成四列横队站立。

教师整队，师生问好。

教师介绍本课任务并对走跑交替的动作要领进行提炼引导及示范，对学生认真听教师口令提出具体要求。

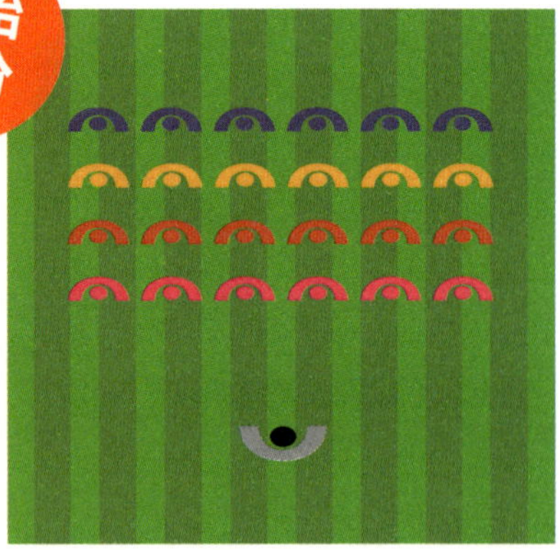

你追我赶 开场活动

教学目标

在集体跑的过程中加入追逐跑，调动学生的积极性，引导其注意力集中。

练习方法

❶ 每名学生都有一个属于自己的号码，活动开始后，学生一路纵队围绕场地慢跑；

❷ 在此过程中，教师会随时喊到两个人的号码，后面号码的学生要追前面号码的学生，两人都要从队伍的外侧进行追逐；

❸ 若前面的学生没被追到就排到队伍的最前面，带领队伍继续向前跑，另一名学生则排到队尾；

❹ 若被追到则反之。

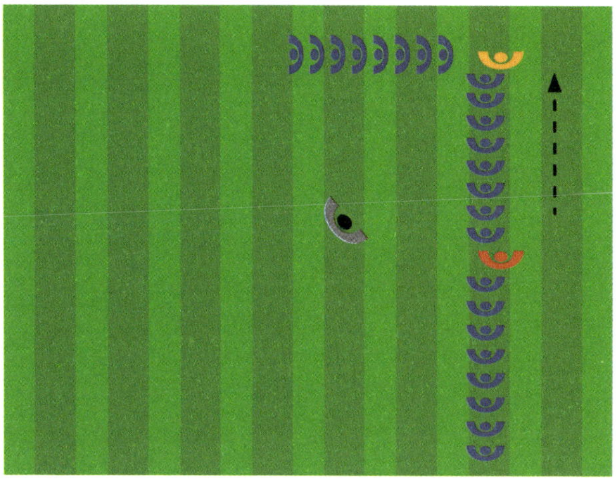

执行要素

练习要求

1. 学生要记清楚自己的号码并认真听教师喊出的号码；
2. 被喊到的学生要从队伍的外侧进行追逐，追逐者只需轻拍被追逐者即可，不要推搡；
3. 追逐的范围截止到队首位置；
4. 保持队形整齐。

注意事项

1. 教师哨音的控制要得当；
2. 教师要提醒学生的跑步间距，不宜太近；
3. 提醒没有追到的学生迅速回到队尾。

难度与变量

1. 随机交换练习要求，如前面号码的学生追逐后面号码的学生；
2. 可利用哨声来进行走跑交替，追逐的学生也要根据教师的要求来进行。

执行分享与要点提示

1. 时刻关注学生的动态，针对注意力不集中的学生可以喊出他的号码；
2. 根据每名学生的不同特点和能力，调整每次喊出的号码；
3. 喊出的号码不要相隔太近或过远，以免影响学生的参与积极性。

忽快忽慢 主体活动

教学目标

练习中要注意速度的快慢变换，让学生体验不同速度身体姿态的不同。

练习方法

❶ 将学生分为四组，每组对面的折返点处都放有15个标志盘；
❷ 活动开始后，第一名学生跑步出发，在此过程中，教师鸣哨一次，学生就要由跑变为走，再鸣哨一次，就由走变为跑；
❸ 到达折返点后，拿一个标志盘返回起点，与下一名学生击掌接力，并将标志盘放在排头右侧；
❹ 最先将对面的标志盘全部拿回的一组为胜。

执行要素

练习要求

❶ 按照教师提出的具体要求进行接力；
❷ 所有人出发时都是跑步，在听到鸣哨后由跑变为走，再次鸣哨后由走变为跑，如此循环；
❸ 若有学生没有根据教师的哨声做出相应的反应，需要返回起点重新出发。

注意事项

❶ 由快速跑到慢速走时，身体重心要稍稍抬起；
❷ 由慢速走到快速跑时，则需要逐渐降低身体重心；
❸ 教师应强调走与跑的动作区别及正确的走姿。

难度与变量

❶ 可以设置不同的行进路线，如曲线、折返；
❷ 设置标志物，到达标志物时，需要完成不同的动作，需要学生集中注意力完成任务。

执行分享与要点提示

在进行“忽快忽慢”时，教师的哨声不应开始就变换太快，要让学生逐渐适应走、跑过渡，降低对膝盖的压力。

大丰收

主体活动

教学目标

让学生学会控制速度，并在相互帮助中，学会团结互助的精神。

练习方法

❶ 将学生分为四组，活动开始后，每组的第一名学生头顶一个标志盘，手抱两个小篮球出发；
❷ 到达折返点后，将标志盘放下，抱球返回到起点与下一名学生接力；
❸ 在此过程中，若掉球，就要由跑变为走；
❹ 最先将所有标志盘运到折返点的一组为胜。

执行要素

练习要求

1. 按照教师规定的游戏规则进行；
2. 要同时保护好自己手里的球和头上的标志盘，不让其落地；
3. 要控制好自己的速度，以两个球作为接力物；
4. 返回时要绕过折返点标志桶。

注意事项

1. 不要只注重速度，要合理地控制好自己的速度，快不是最好的表现；
2. 注意不要被掉落的球绊倒。

难度与变量

1. 可设计不同的行进路线来增加游戏难度；
2. 可在此过程中鸣哨，增加蹲起的动作，以此加强学生对头上标志盘的控制，从而增加这一活动的难度。

执行分享与要点提示

1. 学生掉球时，教师可以给予一些小的帮助来保证活动顺利进行；
2. 比赛可以在练习一次后进行，让学生体验最合适的速度；
3. 引导学生之间相互鼓励，对于身体特别娇小、无法同时抱两个球的学生，可以请同组的其他学生进行帮助，两人共同完成任务。

结束部分

结束部分

整理活动

学生成四列横队，在完成下肢的牵拉与静力性拉伸动作后对大腿肌肉进行拍打。

分享与引导

① 关注学生的表现，对于主动帮助别人的学生提出表扬；
② 小组竞赛要团结一致，培养团队精神；
③ 课后可分享获胜的经验和技巧。

课后记录

（课中学生的表现与反应，练习是否流畅）

<跑跳交替>

课时40(分钟)

人数32(人)

场地范围

28(米)x15(米)

教学步骤

1	开始部分	课堂常规	2 分钟
2	开场活动	动静结合	10 分钟
3	主体活动	敏捷兔蹦蹦跳	10 分钟
4	主体活动	采蘑菇的兔子	15 分钟
5	结束部分		3 分钟

教学设计思路

节约布置场地时间，充分利用器材的辅助进行单双脚跳跃练习，练习与竞赛游戏的结合，将练习内容融入游戏当中，提高学生的参与积极性，促进其灵敏素质的发展。

道具说明

32(个) 8(个)

分队背心

课堂常规

开始部分

学生成四列横队站立。
教师整队，师生问好。
教师介绍本课任务，并对跳跃动作要领进行提炼引导及示范，对学生认真听教师口令提出具体要求。

动静结合 开场活动

教学目标

重新规划跑步路线，与音乐相结合，增加趣味性，调动学生的积极性。

练习方法

❶ 学生成四路纵队站立，进行“S”形跑和直线跑；

❷ 根据音乐的节奏调整速度，听到教师的哨音后，前脚掌着地走，体会前脚掌发力的位置。

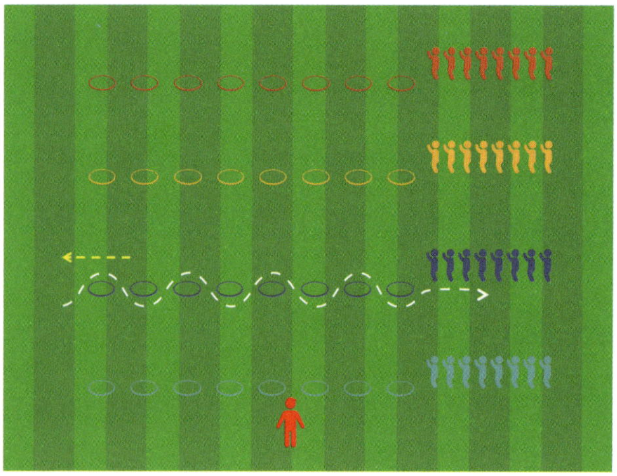

执行要素

练习要求

❶ 认真听音乐的节奏，根据教师的具体要求前进，控制好速度；

❷ 鸣哨或者听音乐节奏进行前脚掌着地走；

❸ 要踩篮球场地底线方可折返。

注意事项

❶ 教师哨声的控制要得当；

❷ 统一前进方向和折返方向，避免发生冲撞现象；

❸ 四路纵队保持队形前进，控制跑步间距，不宜过快，如有问题及时鸣哨停止。

难度与变量

❶ 根据学生的具体情况选择音乐和时长；

❷ 规划不同的前进路线，来增减难度。

执行分享与要点提示

❶ 场地可由学生来布置，每名学生拿一个敏捷圈，解散队形站立，将敏捷圈放在脚下，可以将其作为跑步的障碍物；

❷ 在跑步前讲解前脚掌着地的动作方法；

❸ 音乐可选《小跳蛙》，在歌词部分跑步前进，在“啦啦啦”部分进行前脚掌着地走，调整呼吸，动静结合。

敏捷兔蹦蹦跳

主体活动

教学目标

利用敏捷圈为标志区分前后左右，进行单双脚交替的跳跃练习，将枯燥乏味的练习变得更有趣。

练习方法

❶ 每个人站在自己的圈内，按照教师的要求进行前后、左右的跳跃练习；

❷ 前、圈中、后跳跃 4X8 拍；

❸ 左、圈中、右跳跃 4X8 拍。

执行要素

练习要求

1. 按照教师提出的具体要求进行练习；
2. 跳跃落地时由前脚掌过渡到脚跟；
3. 落地声音轻。

注意事项

1. 在跳跃练习之前要强调缓冲落地的动作方法，减少对膝盖的冲击；
2. 提醒学生跳跃高度，不要踩到敏捷圈。

难度与变量

1. 可以进行上下肢的协调配合，向左跳时，双手臂指向右侧，反之同理，增加练习难度；
2. 进行单双脚交替练习，考验学生的反应能力和敏捷性。

执行分享与要点提示

1. 进行情境引入，“小兔子”要在猎人睡着的时候去采蘑菇，只有跳跃落地声音轻的“小兔子”才不会惊醒猎人；
2. 可以加上手部动作，看谁模仿得最像“小兔子”；
3. 练习后可小组间进行接力比赛，拍手接力要轻，不可过重拍打；
4. 每组的“小兔子”要团结一致。

采蘑菇的兔子

主体活动

教学目标

将跳跃练习融入到游戏当中，提高学生的竞争意识和反应能力。

练习方法

❶ 将学生调动到篮球场边线，一路纵队4名学生；

❷ 教师鸣哨后，每组的第一名学生出发，每到一个敏捷圈后，双脚跳绕圈一周，再到下一个圈，依次循环，绕最后一个标志桶返回，与下一名学生接力；

❸ 游戏过程中听到教师哨音，要迅速跑到就近的一个圈内原地单脚各跳3次，代表成功采到蘑菇，完成后继续前进。

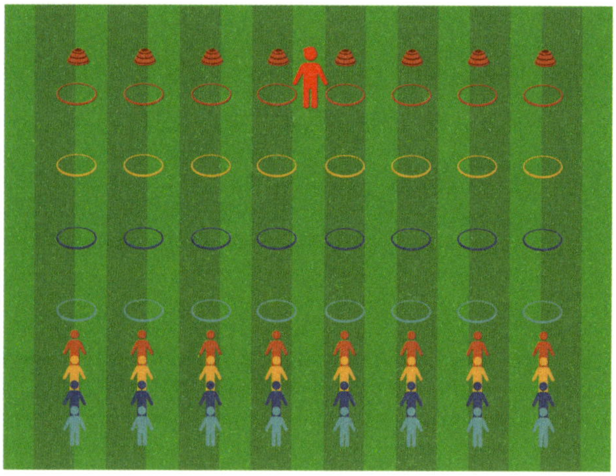

执行要素

练习要求

1. 按照教师规定的游戏规则进行；
2. 在行进过程中认真听教师的哨声；
3. 跳跃时落地声音轻；
4. 绕最后一个标志桶返回。

注意事项

1. 前面的学生出发，后面的学生不能推；
2. 注意不要踩到圈。

难度与变量

1. 教师在鸣哨后，可设计不同的动作，来增减游戏的难易程度；
2. 根据不同的队形变化来控制游戏的密度。

执行分享与要点提示

1. 进行情境引入，“小兔子”要在猎人睡着的时候去采蘑菇，只有跳跃落地声音轻的“小兔子”才不会惊醒猎人；
2. 可以加上手部动作，看谁模仿得最像“小白兔”；
3. 拍手接力要轻，不可过重拍打；
4. 每组的“小兔子”要团结一致。

结束部分

结束部分

整理活动

学生成四列横队，根据教师的指令进行身体部位抖动，动作幅度到位，充分放松。

分享与引导

① 学生相互纠错，相互比较，看谁的落地轻；
② 小组竞赛要团结一致，培养团队精神；
③ 学生在课后可相互分享落地轻的经验。

课后记录

（课中学生的表现与反应，练习是否流畅）

一年级 | 第三课

< 快速反应跑 >

课时40(分钟)

人数32(人)

场地范围
28(米)x15(米)

教学步骤

1	开始部分	课堂常规	2 分钟
2	开场活动	有来有回	15 分钟
3	主体活动	天才数学家	20 分钟
4	结束部分		3 分钟

教学设计思路

以不同形式、不同活动规则标志盘的取、放贯穿整节课程，减少了准备器材的时间，通过听觉与视觉信号刺激引导学生对信号快速做出规定的反应动作，强化条件反射，活动难度递增能够不断提高学生接受挑战的动力。

道具说明

分队背心

课堂常规

开始部分

学生站在篮球场的底线和边线上。
教师整队，师生问好。
教师介绍本节课内容，并做反应练习的动作示范，学生进行模仿，调动学生的神经系统快速参与运动，做出相应反应。

有来有回 开场活动

扫码看视频

教学目标

在集体跑过程中加入标志盘的取、放环节，培养学生的反应能力。

练习方法

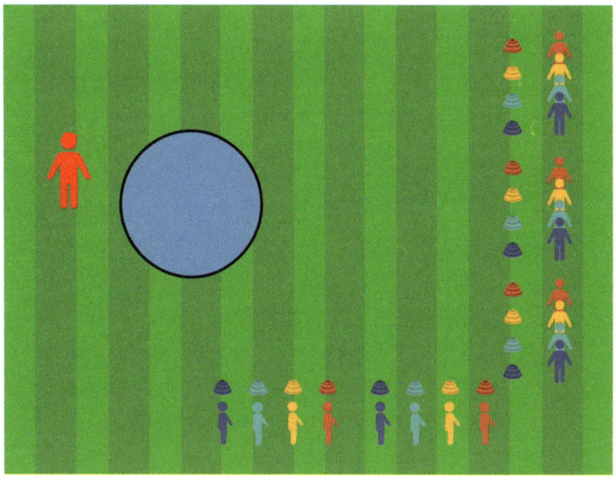

1. 所有学生成一路纵队，1—4报数，相同数字的学生手持相同颜色的标志盘；
2. 学生围绕场地慢跑，当教师喊出其中一个数字后，对应数字的学生将标志盘放入场地中的圆圈，然后跑回到自己原来的位置；
3. 教师进行不规律的喊号，若喊到号码的学生手中没有标志盘，则需从圆圈中将标志盘取回。

执行要素

练习要求

1. 认真听教师喊出的号码，学生要记清楚自己的号码；
2. 放置标志盘时，必须放入场地中的圆圈；
3. 放、取标志盘后都要及时回到队伍中。

注意事项

1. 教师要强调在队伍中不允许出现推搡的现象，听到自己的号码时，要快速做出反应；
2. 对于没有反应的学生，旁边的学生可以小声提醒；
3. 强调学生跑步的间距，要给放、取标志盘的学生空出一定的距离。

难度与变量

1. 可以改变放、取标志盘的要求，改为到圈内完成规定的动作；
2. 可以改为鸣哨后出手势的视觉信号指挥。

执行分享与要点提示

1. 时刻关注学生的动态，针对注意力不集中的学生可以喊出他对应组的号码；
2. 一定要不规律地喊出对应的号码，让学生做出及时的反应，如可以让刚刚放下标志盘的学生再次取回标志盘；
3. 在慢跑过程中可以加一些拉伸动作，让学生充分热身，然后突然喊出号码，进一步锻炼学生的快速反应能力。

天才数学家

主体活动

扫码看视频

教学目标

引导学生在团队活动中，要多讨论交流，寻找解决问题的最佳方案。

练习方法

❶ 将学生分为四组，每组按照 1、2、3、4 号站到相应的位置，场地中间的圆圈内放置着多于总人数的四种颜色的标志盘；

❷ 活动开始后，每组第一名学生跑步出发，在此过程中，教师鸣哨一次，学生就由跑变为走，再鸣哨一次，就由走变为跑，以此类推；

❸ 学生到达场地中间时，拿走一个标志盘返回起点，与下一名学生击掌接力，并将标志盘放在排头右侧；

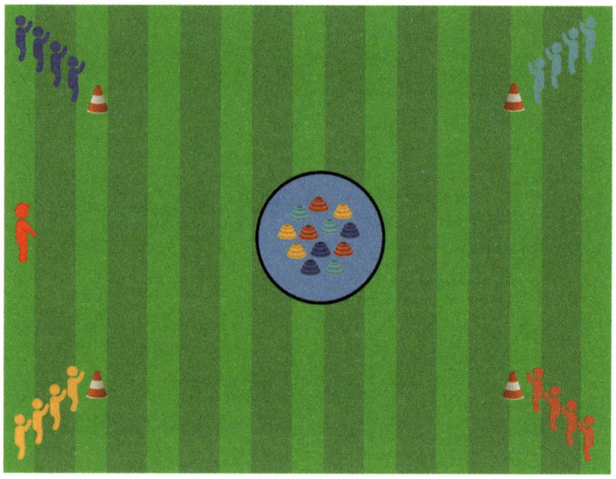

❹ 当标志盘全部被拿回时游戏结束，拿回标志盘数量最多的一组为胜。

执行要素

练习要求

❶ 按照教师提出的具体要求进行接力；

❷ 所有人出发时都是跑步前进，在听到鸣哨后由跑变为走，走的学生变为跑；

❸ 若有学生没有根据教师的哨声做出相应的反应，则需要返回起点重新出发。

注意事项

❶ 教师强调学生注意观察，避免冲撞；

❷ 听清教师的指令；

❸ 注意组内的配合。

难度与变量

❶ 完成第一次任务后，教师给出一个数字，若组内的标志盘低于这个数字，需要继续取标志盘，若多于现有标志盘数量则需要将标志盘放回圆圈内，要以接力的方式放、取，每次每人只能拿一个标志盘，最先完成的组得一分；

❷ 教师可以规定不同的颜色代表不同的数，如红色代表 3，蓝色代表 2，其他颜色都是 1，当教师喊到数字 5 时，只需要 1 个红色+1 个蓝色即可。

执行分享与要点提示

❶ 在此过程中为了增加学生的运动量，教师喊数时应该是一小一大；

❷ 通过任务难度的递增来调动学生的积极性，让学生体会到其中的乐趣，并愿意不断地接受挑战；

❸ 注意观察学生之间的讨论与交流。

结束部分

结束
部分

整理活动

四组学生站在底线后，“比比谁的腿最长”，每组的第一名学生脚抵住底线下横叉后，第二名学生向前走抵住第一名学生的脚继续横叉，依次进行，看哪组的腿最长。

分享与引导

① 关注学生的表现，对于能够动脑思考的学生提出表扬；
② 小组竞赛要团结一致，培养团队精神；
③ 引导学生课后分享获胜的经验和技巧；
④ 引导学生做事情不要盲目做无用功，要学会分析问题才能更好地解决问题。

课后记录

（课中学生的表现与反应，练习是否流畅）

一年级 | 第四课

< 合作跑 >

课时40(分钟)

人数32(人)

场地范围

28(米)x15(米)

教学步骤

1	开始部分	课堂常规	2 分钟
2	开场活动	疯狂动物城	10 分钟
3	主体活动	跳跳虎	10 分钟
4	主体活动	猩猩过河	15 分钟
5	结束部分		3 分钟

教学设计思路

开场动物城的引入，让学生快速进入角色，在活动中较好地掌握平衡能力，不同的场景摄入，提高学生的积极性。

道具说明

20(个) 4(个) 4(个)

分队背心

课堂常规

开始部分

学生成四列横队站立。
教师整队，师生问好。
教师介绍本课任务，引导学生了解增强平衡感的重要性。

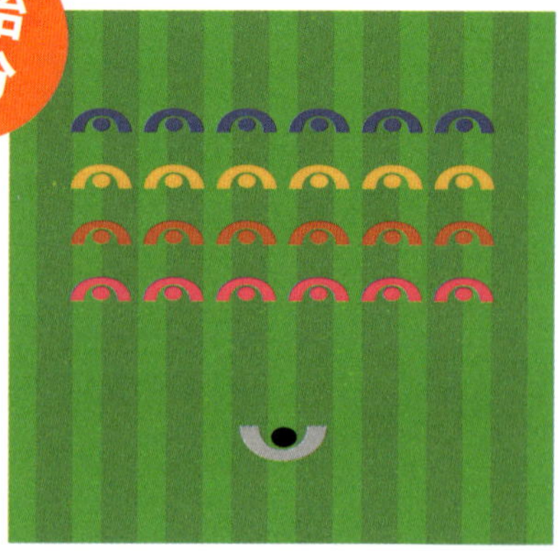

疯狂动物城 开场活动

教学目标

充分发挥学生的想象力，模拟不同的场景和不同的动物，提高学生参与的积极性。

练习方法

❶ 将学生分为四组，成四路纵队进行折返慢跑；
❷ 慢跑过程中，教师说出动物的名字，学生对其行进方式进行模仿；
❸ 教师限定场景，如教师说“猴子过独木桥”时，学生必须跑直线。

执行要素

练习要求

❶ 认真听教师喊出的动物名称；
❷ 保持足够的间距，队伍中避免出现推搡现象。

注意事项

❶ 教师哨音的控制要得当；
❷ 教师要提醒学生的跑步间距，不宜太近；
❸ 提醒学生在跨过瑜伽球时注意安全，不要出现推、抢位的现象。

难度与变量

利用瑜伽球为障碍物，在慢跑的过程中，学生需要跨过此障碍物，并依次将障碍物向后传递。

执行分享与要点提示

❶ 时刻关注学生的动态，提醒注意力不集中的学生；
❷ 表扬模仿形象的学生，给其他人做示范，让学生们发挥自己的想象能力，并用自己的肢体表现出来；
❸ 在使用瑜伽球时，要根据学生的身高、体型，将瑜伽球缩放到适宜的大小，不宜过大。

跳跳虎 主体活动

教学目标

在活动中提高学生的跳跃能力和控制身体平衡的能力。

练习方法

1. 将学生分为四组，每组的第一名学生坐在瑜伽球上，并用双腿夹紧瑜伽球；
2. 活动开始后，第一名学生夹球跳跃出发，绕过折返点返回，与下一名学生击掌接力；
3. 最先完成的组为胜。

执行要素

练习要求

1. 在瑜伽球上保持身体的平衡，控制好瑜伽球前进的方向；
2. 按照教师的具体要求进行接力；
3. 要坐在瑜伽球上前进，不能站起来；
4. 没有夹住球，球滚出后，要将球捡回，在丢失地方继续前进。

注意事项

1. 掌握好身体平衡，重心要在中间，不要过度前倾或后仰身体；
2. 接力时准备好后才可出发。

难度与变量

1. 可以设置不同路线进行前进；
2. 可以绕标志桶一周后继续前进，进行迎面接力。

执行分享与要点提示

1. 学生掉球时，教师可以给予一些小的帮助，让活动顺利进行；
2. 球不宜过大，要保证学生坐在球上可以双脚落地；
3. 引导学生之间相互鼓励，共同完成任务；
4. 对于始终无法掌握平衡的学生，教师应给予一定的鼓励和帮助，使其体会到成功的快乐。

猩猩过河

主体活动

教学目标

在两个人的相互配合中完成任务，体会互帮互助的乐趣。

练习方法

❶ 将学生分为四组，每组两两组合，面对面站立，双手直臂撑起瑜伽球；

❷ 活动开始后，撑着瑜伽球跑步前进，绕折返点返回，并将瑜伽球交给后两名学生；

❸ 最先完成的组为胜。

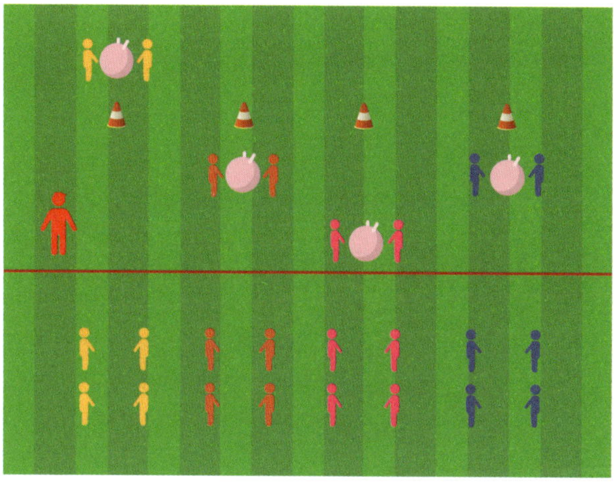

执行要素

练习要求

1. 按照教师提出的游戏规则进行；
2. 控制好瑜伽球的平衡，不要使其掉落，若掉球，需捡起球重新撑好后继续前行；
3. 绕折返点返回。

注意事项

1. 不要只注重速度，要控制好球；
2. 两人的步伐要一致，速度相同；
3. 注意不要被掉落的瑜伽球绊倒；
4. 接力球时要手递手，不能随意放下。

难度与变量

1. 可以改变前进的路线，如曲线、折返；
2. 可以通过绕圈让学生更好地掌控平衡；
3. 在到达标志物时，可以让学生共同完成同样的动作，如蹲起，以此加强学生之间的配合，更好地掌握平衡。

执行分享与要点提示

1. 学生掉球时，教师可以给予一些小的帮助，让活动顺利进行；
2. 球不宜过大，要保证学生坐在球上可以双脚落地；
3. 引导学生之间相互鼓励，共同完成任务；
4. 对于始终无法掌握平衡的学生，教师应给予一定的鼓励和帮助，使其体会到成功的快乐。

结束部分

结束部分

整理活动

学生成四列横队，在完成上下肢的牵拉与静力性拉伸动作后，对大腿肌肉进行拍打。

分享与引导

① 关注学生们的表现，对于主动帮助别人的学生提出表扬；
② 小组竞赛要团结一致，培养团队精神；
③ 课后可分享获胜的经验和技巧。

课后记录

（课中学生的表现与反应，练习是否流畅）

PRIMARY SCHOOL RUNNING CURRICULUM

二年级

增加跑动过程中的方向变化与速度变化，注重基础素质的提高，通过有效设计增进合作与互助的意识。

二年级 | 第一课

< 多方向移动 >

课时40(分钟)

人数32(人)

场地范围
28(米)x15(米)

教学步骤

1	开始部分	课堂常规	2 分钟
2	开场活动	锦衣卫	10 分钟
3	主体活动	对对碰	10 分钟
4	主体活动	多点传球	15 分钟
5	结束部分		3 分钟

教学设计思路

变常规的直线跑为多方向的跑动，提高学生的反应能力和判断能力，使其更全面地发展。

道具说明

20(个) 20(个) 20(个) 20(个) 20(个)

分队背心

开始部分

课堂常规

学生成四列横队站立。
教师整队，师生问好。
教师介绍本课任务，引导学生了解多方向移动的实用性及重要性。

锦衣卫 开场活动

教学目标

由直线跑变为多方向跑，提高学生的应变反应能力。

练习方法

❶ 活动开始后，所有学生围绕活动场地慢跑；
❷ 当教师喊道“女生”并鸣哨后，女生成为“锦衣卫”，去捕捉男生，喊道“男生”并鸣哨后，男生成为“锦衣卫”去捕捉女生；
❸ 被捉到的人由“锦衣卫”送到“逮捕区”等候。

执行要素

练习要求

1. 注意力集中，认真听教师的指令；
2. 要在设定的范围内进行追逐，不能超过此范围；
3. 被逮捕到的人不能再进入活动区，直到下一次的活动开始。

注意事项

1. 慢跑时，教师要强调学生之间的间距，避免冲撞；
2. 强调捕捉时，只需触摸即可；
3. 强调学生要注意观察，不要在躲避“锦衣卫”追捕时与其他人冲撞；
4. 教师要充分利用好哨，遇到紧急情况及时鸣哨，暂停活动；
5. 男、女生组合时，强调注意速度的控制和同步。

难度与变量

1. 可以将此与“抱团”相结合，教师喊到几名男生几名女生组成，由他们进行追捕，如2男1女，最快组合好的前2组成为“锦衣卫”，他们需手拉手进行追捕，其他人快速散开；
2. 可对学生进行编号，教师喊出编号对应的学生出列进行追捕。

执行分享与要点提示

1. 教师要与学生达成约定，什么样的哨音是什么样的指令，让学生铭记在心，并能够及时做出相应的反应；
2. 时刻关注学生的动态，遇到紧急问题及时停止；
3. 在进行难度递增活动时，不宜喊基数太大的数字，最佳不超过4人组合，减少安全隐患，有利于学生快速做出反应；
4. 时刻提醒学生之间注意观察周围的情况；
5. 对同伴相互照顾的情况进行表扬。

对对碰

主体活动

扫码看视频

教学目标

在活动中提高学生对球的落点的判断能力和快速移动接球的能力。

练习方法

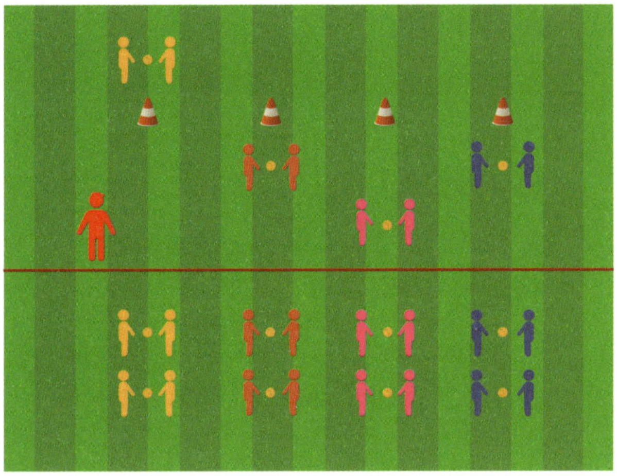

1. 将学生平均分为四组，每组两两结合，相对站立，间隔1.5米，其中一人手持网球；
2. 活动开始后，每组前两人以侧滑步的方式行进，同时以击地反弹的方式传接网球，前一组学生到达终点后，下一组再出发，到达终点的学生原地排队等待；
3. 最先完成的组为胜。

执行要素

练习要求

1. 前一组学生到达终点后，后一组学生才能出发；
2. 要以击地反弹的方式传接球；
3. 丢球后，要快速捡球，回到丢球位置继续出发；
4. 保持好两人之间的间距，不宜过近或过远。

注意事项

1. 教师要提醒学生关注脚下，不要被其他组掉下的网球绊倒，学生之间要相互提醒；
2. 注意控制传击地反弹球时的力量；
3. 脚步要随着网球的位置快速向前移动。

难度与变量

可以改变其前进的路线，由直线改为绕着障碍物，来增加难度。

执行分享与要点提示

1. 注意学生搭档的分配，将速度较为相近的学生分为一组；
2. 可以由侧滑步逐步过渡到跑，传球的速度也逐渐加快；
3. 多点传球时每组都是三个颜色相同的标志盘，摆放的位置也要统一；
4. 难度递增，B学生可以先进行左右移动，待熟练后，再加入A学生的反应触摸标志盘练习。

多点传球 主体活动

教学目标

设置多点，提高学生多方向移动能力和反应能力。

练习方法

❶ 每两人一组分到三个标志盘和一个网球，将三个标志盘摆成三角形，持网球的A学生站在一个标志盘后为固定点，B学生也站在一个标志盘；
❷ 活动开始后，两个人以击地反弹的方式传接网球，A学生为固定点不动，B学生要在另两个标志盘之间侧滑步移动接网球；
❸ 将学生分为四组，每组两两组合，其中一人手持一个网球；
❹ 在此过程中，教师鸣哨，说出标志盘的颜色后，学生要停止传网球，A学生要快速跑到指定颜色的标志盘，触摸后返回，继续传接；
❺ 每人传接10次后互换位置。

执行要素

练习要求

1. 学生要按照教师提出的要求进行练习；
2. 传接网球都要在标志盘的后面；
3. 要以击地反弹的方式传接球；
4. 注意听教师的哨音及口令。

注意事项

1. 教师要提醒学生关注脚下，不要被其他组掉下的网球绊倒，学生之间要相互提醒；
2. 注意控制传击地反弹球时的力量；
3. 脚步要随着网球的位置快速向前移动。

难度与变量

1. 增加标志盘的数量，增加活动难度；
2. 改变标志盘摆放的造型，来增加不同的跑步方向，提高活动的难度。

执行分享与要点提示

1. 注意学生搭档的分配，将速度较为相近的学生分为一组；
2. 可以由侧滑步逐步过渡到跑，传球的速度也逐渐加快；
3. 多点传球时每组都是三个颜色相同的标志盘，摆放的位置也要统一；
4. 难度递增，B学生可以先进行左右移动，待熟练后，再加入A学生的反应触摸标志盘练习。

结束部分

结束部分

整理活动

学生成四列横队，在完成下肢的牵拉与静力性拉伸动作后对大腿肌肉进行拍打。

分享与引导

① 关注学生的表现，对于能够快速做出反应的学生提出表扬；
② 找出在本节课配合得好的搭档，分享经验。

课后记录

（课中学生的表现与反应，练习是否流畅）

< 障碍跑 >

教学步骤

1	开始部分	课堂常规	2 分钟
2	开场活动	翻越山丘	15 分钟
3	主体活动	植树节	20 分钟
4	结束部分		3 分钟

课时40(分钟)

人数32(人)

场地范围
28(米)x15(米)

教学设计思路

少队形变换，少器材摆放时间，利用不同的障碍物，提高学生的跳跃能力和下肢力量。

道具说明

4(个)　20(个)　12(个)　16(个)

分队背心

课堂常规

开始部分

学生成四列横队站立。
教师整队，师生问好。
教师介绍本课任务，并对跳跃动作要领进行提炼引导及示范，对学生认真听教师口令提出具体要求。

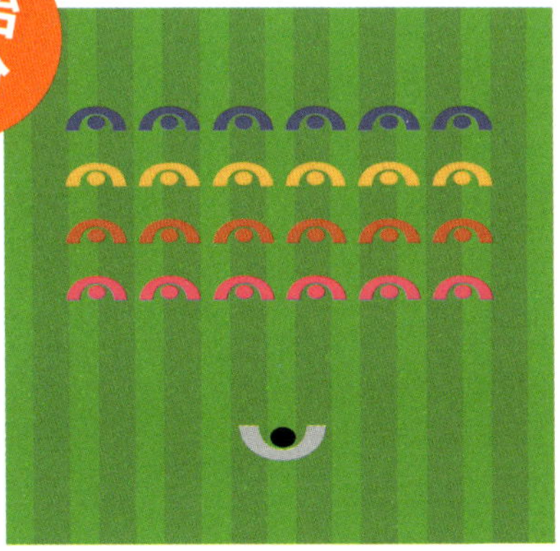

翻越山丘

开场活动

扫码看视频

教学目标

以不同的体育器材模拟不同的地势，提高学生的跳跃能力和反应能力，培养学生克服困难的精神。

练习方法

1. 将学生分为四组，成四路纵队进行折返慢跑；
2. 在慢跑过程中，前进时遇到低的栏架需要双脚跳过，遇到高的栏架需要钻过，返回时直线慢跑。

执行要素

练习要求

1. 按照教师提出的要求进行练习；
2. 保持足够的间距，队伍中避免推搡现象；
3. 第一个学生出发通过第一个障碍物时下一名学生再出发。

注意事项

1. 在爬障碍物时，着重强调间距，教师要提醒学生的跑步间距，不宜太近；
2. 折返时避免冲撞，直线返回，不要离栏架太近，以免影响后面的学生；
3. 注意跳跃小栏架的落地方法，重心下降，膝盖微屈，双脚前脚掌落地，再过渡到全脚掌；
4. 教师要始终跟随队伍，时刻观察。

难度与变量

栏架的摆放可以不规则，朝向不同，来改变活动的难易程度。

执行分享与要点提示

1. 教师注意摆放栏架时的距离，小栏架可以连续摆放，但是高栏架不宜摆放紧密，这样不利于活动的流畅性；
2. 挑选小栏架选择最低的高度，避免有些学生不能完成任务，或者利用标志盘代替，降低难度；
3. 若普遍间距紧密，教师可以利用哨声让学生小碎步调整距离，然后继续进行活动；
4. 表扬懂得礼让的学生。

植树节 主体活动

教学目标

利用敏捷圈为标志区分前后左右，进行单双脚的跳跃练习，将枯燥乏味的练习变得更有趣。

练习方法

❶ 将学生分为四组，每组三个沙包，第一名学生手持一个沙包，其余沙包放在起点位置；

❷ 活动开始，第一名学生双脚夹一个沙包跳跃前进，到达第一个栏架时，将沙包放下，代表种植一棵树；小栏架双脚跳跃，高栏架直接跨过，绕折返点直线返回与下一名学生击掌接力；

❸ 出发的学生跑步前进，双脚跳跃第一个小栏架后捡起沙包，双脚夹沙包跳，到达第二个栏架，依次循环；

❹ 沙包被运到折返点后，下一名学生夹起第二个沙包继续。

执行要素

练习要求

1. 双脚要夹住沙包前进，不能用脚踢沙包；
2. 按照教师提出的具体要求进行接力；
3. 储备的沙包没有用到时，不能随意拿或踢。

注意事项

1. 强调跳跃小栏架，落地时，重心下降，膝盖微屈，双脚前脚掌落地，再过渡到全脚掌；
2. 教师要始终跟随队伍，时刻观察。

难度与变量

1. 可以设置不同障碍物，让学生利用双脚跳、单脚跳等不同方式来完成任务；
2. 缩短练习的距离，出发时双脚夹住沙包跳跃前进，到达栏架时，拿起沙包，双脚跳过栏架后继续夹沙包前进，以此提高下肢跳跃练习密度。

执行分享与要点提示

1. 若小栏架被标志盘代替，可以让学生直接夹沙包通过；
2. 连续夹沙包缩短距离，减少学生的等待时间；
3. 引导学生共同完成种树任务，成为光荣的劳动者；
4. 强调跳跃时的落地缓冲技术要领；
5. 根据学生的实际情况选择不同方式的跳跃练习和不同高度的栏架。

结束部分

结束部分

整理活动

学生成四列横队，根据教师的指令进行身体部位抖动，动作幅度到位，充分放松。

分享与引导

① 关注学生的表现，对于主动帮助别人的学生提出表扬；
② 小组竞赛要团结一致，培养团队精神；
③ 课后可分享获胜的经验和技巧。

课后记录

（课中学生的表现与反应，练习是否流畅）

二年级 | 第三课

< 重复起动跑 >

教学步骤

1	开始部分	课堂常规	2 分钟
2	开场活动	小马过河	15 分钟
3	主体活动	穿越火线	20 分钟
4	结束部分		3 分钟

课时40(分钟)

人数32(人)

场地范围
28(米)x15(米)

教学设计思路

以及时躲避障碍物，快速判断球的位置并接到，来提高学生的反应速度，培养灵敏素质。

道具说明

4(个) 4(个) 20(个) 16(个)

分队背心

课堂常规

开始部分

学生成四列横队站立。
教师整队，师生问好。
教师介绍本节课的教学内容后示范拉伸动作，学生进行模仿。

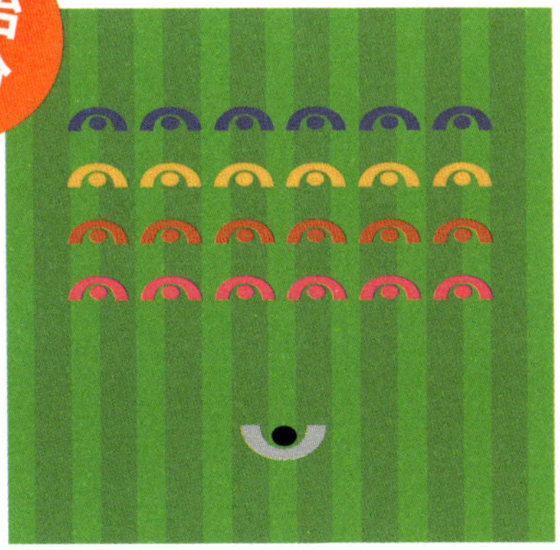

小马过河 开场活动

教学目标

改变常规的跑步线路，并设置障碍物作为学生需要跨过的河流，锻炼学生的灵敏反应能力。

练习方法

1. 所有学生成一路纵队折返慢跑；
2. 在慢跑过程中，遇到障碍物跨过即可。

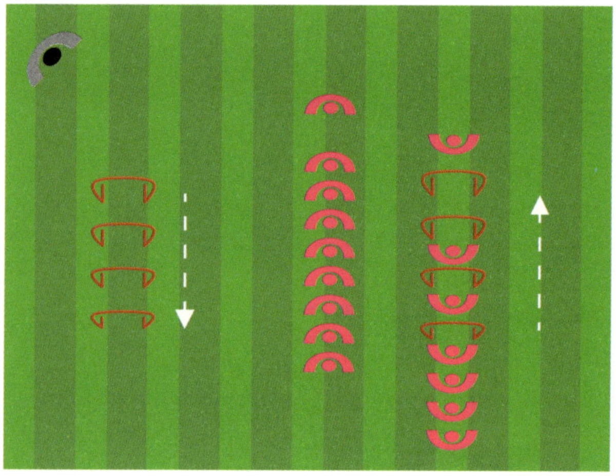

执行要素

练习要求

1. 按照教师提出的要求进行练习；
2. 保持足够的间距，队伍中避免推搡现象；
3. 遇到障碍物只需要跨过即可；
4. 不要出现拥堵现象，若没有及时跨过障碍物可以绕过，不要影响前进的速度；
5. 时刻注意观察脚下的障碍物。

注意事项

1. 强调间距，教师要提醒学生的跑步间距，不宜太近；
2. 在折返时，避免冲撞，直线返回，不要离栏架太近，以免影响后面的学生；
3. 教师要始终跟随队伍，时刻观察；
4. 前一名学生将栏架碰倒，下一名学生站在原地不动，待教师将栏架摆放好后再继续。

难度与变量

1. 障碍物的摆放可以不规则，朝向不同；
2. 不同的障碍物，学生要选择不同的方式通过（如横向滑步），以此来改变活动的难易程度。

执行分享与要点提示

1. 教师注意障碍物摆放的距离，小障碍物可以连续摆放，但是大的障碍物不宜摆放得过于紧密，这样不利于活动的流畅性；
2. 若普遍间距紧密，教师可以利用哨声让学生小碎步调整距离，然后继续进行活动；
3. 表扬懂得礼让的学生。

穿越火线 主体活动

扫码看视频

教学目标

以地滚球的方式传接球，来调动学生的反应能力，活跃思维，提高灵敏素质。

练习方法

1. 将学生分为四组，每组前方放置四个栏架，一颗小篮球；
2. 活动开始后，第一名学生手持小篮球，到达栏架处一侧将球从栏下以地滚球方式通过，并迅速跑到另一侧接住球；
3. 依次循环通过前方所有栏架，抱球绕过折返点直线返回起点，将球交给下一名学生，最先完成的组为胜。

执行要素

练习要求

1. 必须将球以地滚的方式从栏下通过；
2. 绕折返点后以相同的方式返回；
3. 听到教师鸣哨后才可出发。

注意事项

1. 强调两个人之间的配合，步伐一致；
2. 球丢后要快速捡回，从丢失的位置出发，注意不要被球绊倒，并及时地提醒同伴；
3. 教师要始终跟随队伍，时刻观察。

难度与变量

两名学生同时出发，一名学生拿球，另一名学生不拿球；到达栏架时，拿球的学生将球从栏下穿过到达另一名学生的位置；接到球后，两人同时前进，拿球的学生从第二个栏下将球传回；依次循环，绕折返点后以同样的方式返回，最先完成的组为胜。

执行分享与要点提示

1. 调整好组间距，不宜太近，避免相互影响；
2. 活动开始时，教师可以讲解示范一些小技巧，让学生合理地掌握力度，并快速做出反应；
3. 根据学生的实际情况调整搭档；
4. 两人配合时，强调合作精神，引导学生相互理解和鼓励。

结束部分

结束部分

整理活动

学生成四列横队站立，跟随教师的口号进行拍打操模仿练习。

分享与引导

① 关注学生的表现，对于主动帮助别人的学生提出表扬；
② 引导学生之间相互鼓励，齐心协力完成任务；
③ 请反应快，能够及时地接到球，用时最短的学生分享经验和技巧。

课后记录

（课中学生的表现与反应，练习是否流畅）

< 追逐跑 >

教学步骤

1	开始部分	课堂常规	2 分钟
2	开场活动	追光者	15 分钟
3	主体活动	冲锋战士	20 分钟
4	结束部分		3 分钟

课时40(分钟)

人数32(人)

场地范围
28(米)x15(米)

教学设计思路

由个人之间追逐跑变为组间的追逐跑，并设置解救环节，在提高学生奔跑能力的同时提高其团队意识和互帮互助的精神，通过追逐与躲闪的练习提高学生身体敏捷与变向加速等能力。

道具说明

20(个) 20(个) 20(个) 20(个) 若干

分队背心

课堂常规

开始部分

学生成四列横队站立。
教师整队，师生问好。
教师介绍本课任务，对学生应注意的安全事项提出具体要求。

追光者 开场活动

教学目标

以追逐和模仿相结合调动学生的积极性，使其快速进入状态。

练习方法

1. 设置符合活动需求的场地，所有学生两人一组，其中一名学生腰间别着一条丝带，另一名学生要在活动范围内抢丝带，抢到了就要互换角色；
2. 在此过程中，教师鸣哨，学生就要停止追逐，拿丝带的学生随意做动作，另一名学生则需要模仿；
3. 等待再次鸣哨后才可以继续抢丝带。

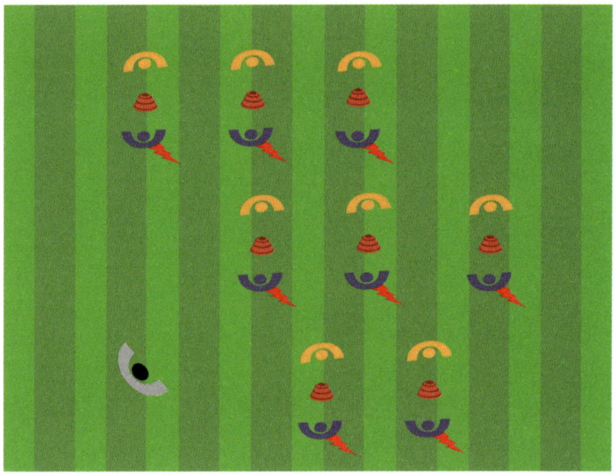

执行要素

练习要求

1. 教师鸣哨后就不能再抢丝带，要进行动作模仿；
2. 要认真模仿拿丝带学生的动作；
3. 要在设定范围内进行追逐，不能超过此范围；
4. 丝带只需要别在腰间，不能系死扣。

注意事项

1. 教师要调节好各组之间的间距，避免冲撞；
2. 强调只需要拉下腰间的丝带就可以，不要出现拉人推人的现象。

难度与变量

根据人数和场地设定追逐的范围，从而增减活动的难易程度。

执行分享与要点提示

1. 时刻关注学生的动态，对于模仿出色的学生进行表扬；
2. 可以找一些动感的音乐配合；
3. 可以在两个人中间放一个标志桶，围绕着这个中心点进行追逐；
4. 可以在两个人中间搭建一个正方形，当持丝带的学生进入后，另一名学生就不能继续追逐，每人只有一次进入的机会，且时间不能超过5秒。

冲锋战士 主体活动

扫码看视频

教学目标

在活动中提高学生的奔跑能力和反应能力，并在团队活动中体会帮助他人的快乐，使其认识到团队中每个人的重要性。

练习方法

❶ 将学生分为四组，每人持有不同颜色的标志盘，并设置一个“等候区”；

❷ 活动开始后，所有人在活动范围内自由跑动；

❸ 当教师说出其中一个颜色时，对应颜色的学生就成为冲锋战士，可以去追逐其他组的学生；

❹ 若追到就要将其标志盘收回，被收回标志盘的学生需要两人手拉手，才可以继续进入到活动模式，但是再次被人抓到后就要淘汰出局，在“等候区”等待；

❺ 每个组都有一次成为冲锋战士的机会，每一局结束后，需要把收回的标志盘返还。

执行要素

练习要求

1. 学生手中的标志盘要拿在容易看到的位置，不能藏起来；
2. 被抓到的学生可以两人结合再次进入活动中，但是手不能断开，再次被抓到则淘汰出局；
3. 以教师的哨声为开始和结束；
4. 不能跑出规定的活动范围。

注意事项

1. 教师强调学生注意观察，避免冲撞；
2. 听清教师的指令；
3. 注意组内的配合。

难度与变量

将学生分为两组，设置两个候补区域；每人有两个标志盘，以教师的哨声为准，每个组都有主动出击的机会；当被抓到学生的两个标志盘都被收回时，要进入候补区域，等待同组的学生重新收到多余的标志盘后，将其分给候补区域的学生，可以使其重新回到战斗状态。

执行分享与要点提示

1. 在活动结束后可以评出“最佳冲锋战士”，累计收到的标志盘，即抓到的人次；
2. 任务难度递增来调动学生的积极性，要有循序渐进的过程，让学生体会到其中的快乐，并愿意不断地接受挑战；
3. 注意观察学生之间的讨论交流；
4. 鼓励主动解救同伴的行为，引导学生要相互帮助，共同完成任务。

结束部分

结束部分

整理活动

学生成四列横队，两人一组配合进行相互拉伸与放松。

分享与引导

① 关注学生的表现，对于能够动脑思考的学生提出表扬；
② 同伴之间要团结一致，共同完成任务；
③ 评选出“最佳救人战士”，不但能够“消灭”对方，还能及时营救自己的同伴，引导学生主动地去帮助别人，使自己的团队更加强大。

课后记录

（课中学生的表现与反应，练习是否流畅）

PRIMARY SCHOOL RUNNING CURRICULUM

三年级

在加大跑步距离与提高速度的前提下，注重练习趣味化与方法简单化。以增加学生持续跑动能力为主体，并巩固练习中所培养的集体合作精神。

三年级 | 第一课

<趣味跑>

教学步骤

1	开始部分	课堂常规	2 分钟
2	开场活动	疏导交叉	10 分钟
3	主体活动	信任搭档	10 分钟
4	主体活动	九宫格	15 分钟
5	结束部分		3 分钟

课时 40(分钟)

人数 32(人)

场地范围 28(米)x15(米)

教学设计思路

课程以趣味跑为主题，不强调跑动距离和跑动时间，学生在趣味性的游戏活动中对于跑步有新的理解，同时在活动中学会相互合作与鼓励。

道具说明

20(个) 30(个) 4(个)

分队背心

课堂常规

开始部分

学生成“扇形”面向教师站立。
教师整队，师生问好。
模拟“穿越雷区”的场景，学生快频率原地小步跑，教师任意喊出一个部位，学生听到口令后立即呈静止状态且双手触碰所喊部位并停留10秒，动作指令均为静态拉伸动作。

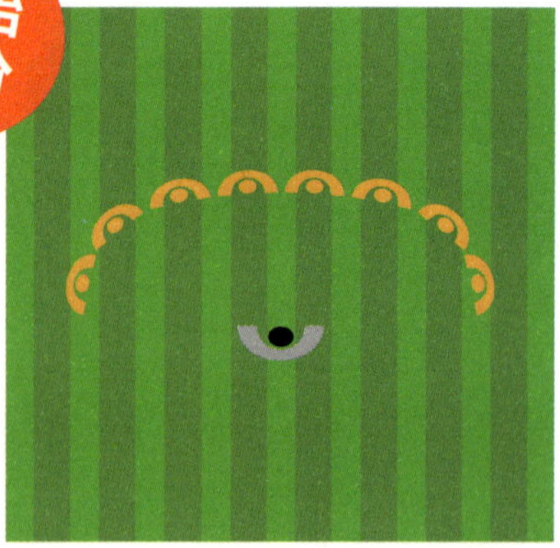

疏导交叉

开场活动

教学目标

通过游戏，发展学生身体的灵敏性，培养学生相互协作能力，同时增加跑步练习的趣味性。

练习方法

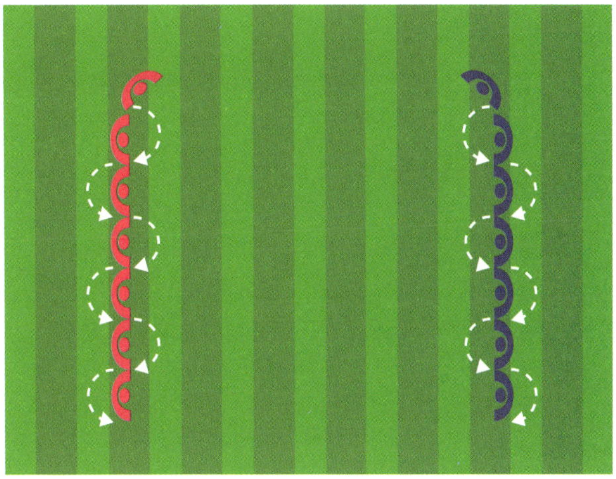

❶ 将学生平均分成四组，每组站成一横排，双臂向上在头上交叉。并与左右相邻的学生连手（左手连右手，右手连左手），听口令，在手不断开的情况下，全队队员需要有序在同伴之间穿行并变换体位，使双臂不再交叉；

❷ 当所有人双手呈打开状（双臂打开不交叉，且与两侧的学生保持牵手状），由队尾的学生开始，依次牵动队伍从尾部开始，“S”形从本队每一名学生之间的空隙穿过，将队伍从尾到头调换位置。

执行要素

练习要求

❶ 双手不能断开，如断开须原地重新开始；

❷ 两名学生之间的距离相等，不得在游戏开始时随意乱动，违反游戏规则。

注意事项

❶ 在活动中注意安全，保证每人在活动中不得松手；

❷ 在活动中不得相互拉扯或推搡；

❸ 穿梭过程中注意两人之间的距离，避免踩到同伴。

难度与变量

当所有人的双手都相握后再解开，以此来增加难度。

执行分享与要点提示

❶ 在执行中可根据人数的多少来进行分组练习；

❷ 可以采用小组长指挥的方式，这样有利于团结与统一。

信任搭档 主体活动

扫码看视频

教学目标

通过游戏加强同伴间的信任依赖感，促进沟通。

练习方法

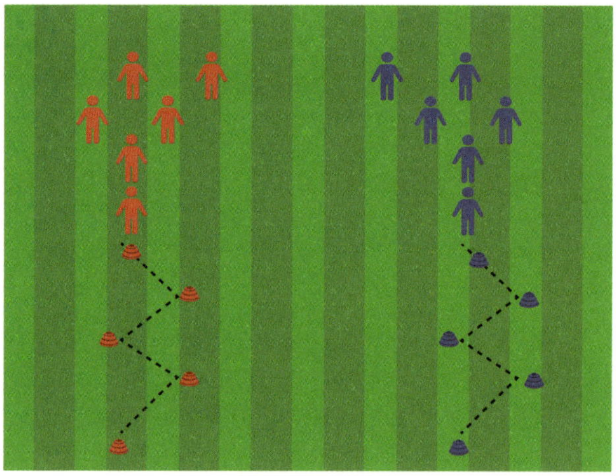

1. 在场地上用标志物摆放出两组直线路线；
2. 将学生平均分成四组；每队两两结合；
3. 每组两人前后站立，前面的学生蒙上眼睛，后面的学生双手搭在前面学生肩上；
4. 游戏开始后，每组的前两人同时出发，两人配合，蒙眼的学生听从后面的学生指挥，指挥的学生通过语言指挥，两人沿途“S”形绕过所有地标，到达折返线后原路返回，下两位学生出发；
5. 最先完成的组获胜，下一轮时蒙眼与指挥的学生互换。

执行要素

练习要求

1. 行进过程中，指挥的学生只能通过语言指挥，不得用手拉拽前方学生；
2. 蒙眼的学生行进过程中不得说话；
3. 场下等待的学生不得进行语言指挥，尽量保持小音量，多鼓励的言语。

注意事项

1. 保持场地的干净平整；
2. 游戏中，教师尽量不要进行言语干扰，避免学生发生危险情况。

难度与变量

可以将绕过标志物改为将标志物捡起，折返回来时再依次放下来加强难度。

执行分享与要点提示

1. 在备课阶段教师应先对活动进行体验，以便更好地理解活动；
2. 在执行过程中除发生安全问题及违反规则的行为，教师尽量不发出指令，不干预活动进行；
3. 教师须保证学生安全，以防突发情况。

九宫格 主体活动

教学目标

在活动中增加相互交流沟通的机会，同时反应要及时，跑动要快。

练习方法

❶ 将学生平均分成四组，A、B两组在一个区域，C、D两组在一个区域（图中自上而下分别为A、B、C、D）；

❷ 在每个区域前有九个格，每组前3名学生手里会有一个球；

❸ 游戏开始后，A和C组各出一名学生拿着球快速跑到区域前，将球放置在标志盘上再快速跑回，B和D组再各出一名学生放置球；

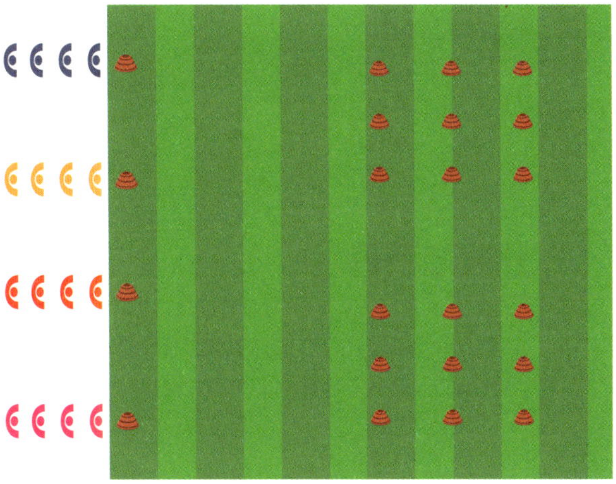

❹ 每次交换组出队员，最先将自己的三个球连成直线的组获胜。

执行要素

练习要求

1. 在游戏过程中，既要完成自己组的任务，还要阻拦敌队的摆放路线；
2. 由于每组只有三个球，所以当第四名学生出发时，只能将本组放弃的球拿回交给第五名学生，由第五名学生将球放至选择的标志盘中；
3. 每组除了下棋人可进入区域内，其他人只得在区域外等候。

注意事项

1. 保持场地无危险物品；
2. 防止他人进入区域内干扰。

难度与变量

1. 可将九宫格变为五子棋，连成五个或者六个为一条线；
2. 也可以改变距离，将距离拉长或者缩短。

执行分享与要点提示

1. 在备课阶段教师应先对活动进行体验，以便更好地理解活动；
2. 在执行过程中除发生安全问题及违反规则的行为，教师尽量不发出指令，不干预活动进行；
3. 教师须保证学生安全，以防突发情况。

结束部分

结束部分

整理活动

学生成“扇形”面向教师站立，跟着教师所喊节拍，由上至下、由慢到快抖动身体放松肌肉。

分享与引导

① 引导学生在活动中互助环节的分享，如信任搭档环节中，我们在戴上眼罩后心里会不会担心摔倒或碰撞？
② 分享游戏技巧与经验，如九宫格环节中，我们怎样能更快速地连成线？

课后记录

（课中学生的表现与反应，练习是否流畅）

< 快速跑 >

课时40(分钟)

人数32(人)

场地范围
28(米)x15(米)

教学步骤

1	开始部分	课堂常规	2 分钟
2	开场活动	快速起跑	10 分钟
3	主体活动	面面相应	10 分钟
4	主体活动	逐步加速	15 分钟
5	结束部分	结束部分	3 分钟

教学设计思路

根据30米快速跑的动作要求，结合多样的练习方式增加练习的趣味性，提高学生参与度。

道具说明

10(个)

50(个)

分队背心

课堂常规

开始部分

学生成“通道式”站立。
教师整队，师生问好。
教师示范讲解快速跑技术要领，同时提出课程练习要求，学生原地模仿动作要点，及时提出疑问。

快速起跑 开场活动

教学目标

热身活动中，学生注意力要集中，能快速做出起跑反应。

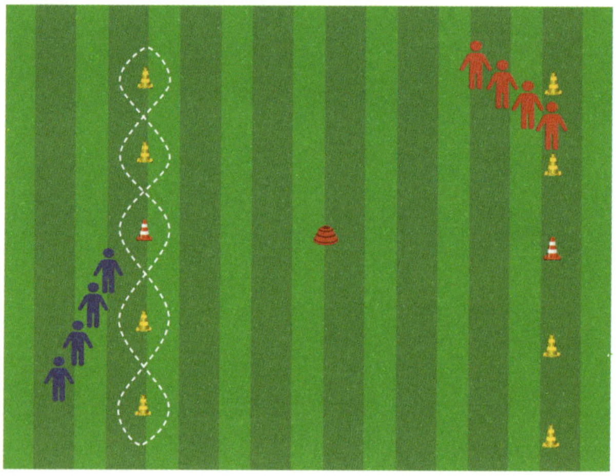

练习方法

❶ 在场地的两条短边上，分别等距离码放5个标志桶，其中中间的标志桶颜色为红色，其他四个颜色为黄色，场地的中间设置一个标志盘；

❷ 将学生平均分成两组，分别在两条短边上成纵队“S”形绕过标志桶；

❸ 活动开始后，两支队伍慢速跑动，当教师吹哨时，两队靠近红色标志桶的学生快速跑向中间的标志盘，将标志盘举起；

❹ 完成后快速返回本队，准备下一轮，每次拿起标志盘的学生为本组获得一分。

执行要素

练习要求

❶ 队伍在绕标志桶慢跑时，间距要在半臂左右，且不可故意躲开红色标志桶或推搡他人；

❷ 快速跑到标志盘处时，若两人同时到达，举标志盘时不进行争抢；

❸ 不管是否拿到标志盘都要快速跑到中间位置且快速返回。

注意事项

教师哨声要响亮，且为避免在中间位置发生冲撞现象，除靠近红色标志桶得学生，其他学生可选择减速。

难度与变量

根据学生的具体情况选择跑动距离。

执行分享与要点提示

❶ 在活动开始前，教师须示范起动跑的动作且强调要点；

❷ 执行中，教师要融入环境中，把握学生活动氛围。

面面相应

主体活动

教学目标

从热身活动进阶到练习中，更多注重动作要求及反应练习。

练习方法

1. 将学生平均分成四组，两两相对站在场地两侧；
2. 将中间的标志盘增加一个，每两个队伍对应一个标志盘；
3. 活动开始后，每组的第一名学生听到教师哨声后，快速跑到标志盘处，最先拿起标志盘的组将标志盘向本组的方向挪动一脚距离，使本组距离标志盘近，对方距离标志盘远；
4. 完成后回到本组队尾，下一组学生准备好即可出发；

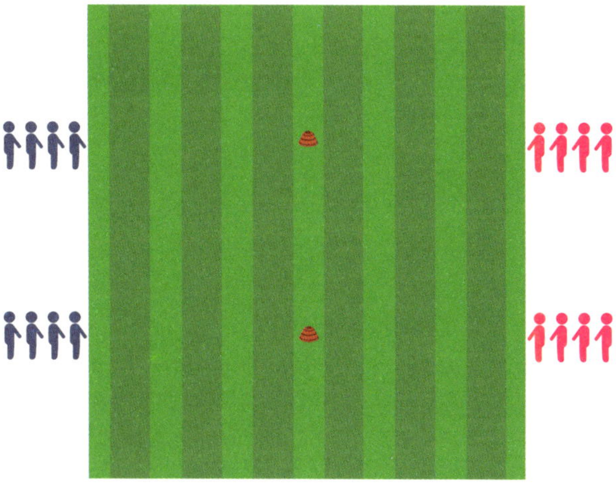

5. 当所有人进行一轮后，最终标志盘距离哪一组的更近哪一组获胜。

执行要素

练习要求

1. 听到老师的哨音后才可启动；
2. 挪动标志盘尽可能统一标准，如“约30厘米”；
3. 若两人同时到达或同时触碰标志盘则不动标志盘，进行下一组；
4. 标志盘会随时被任何一方挪动，学生要严格遵守游戏规则，保证游戏顺畅；
5. 所有学生必须从右侧跑动，避免相撞。

注意事项

1. 不可在争夺标志盘时动手推搡；
2. 提醒学生注意观察脚下，避免踩到标志盘滑倒；
3. 避免冲撞。

难度与变量

根据学生具体情况调整两队之间的距离。

执行分享与要点提示

1. 教师在执行中尽可能随学生跑动方向及时跟进，增加激励语言与及时保护动作；
2. 步频控制在练习中起到关键作用，教师在活动前要着重示范，强调动作要点。

逐步加速 主体活动

教学目标

强化快速跑动作要领，在练习中纠正错误动作。

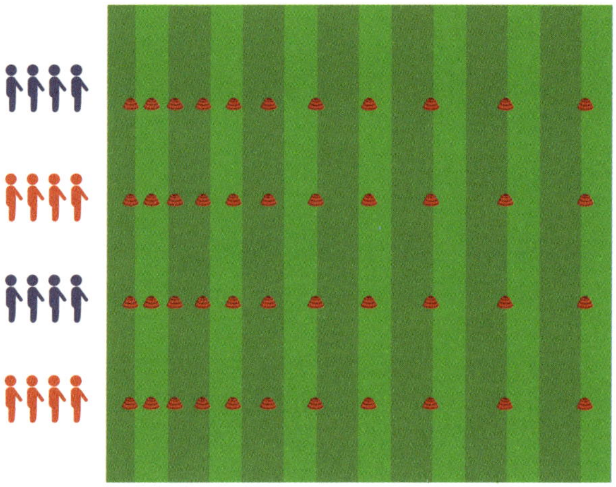

练习方法

❶ 将队形调整为四路纵队位于场地的一侧短边；

❷ 每一组对应一组标志盘数量为10个，标志盘的码放从小间隔逐步扩大；

❸ 教师吹哨，活动开始，每组的第一名学生出发，在标志盘的右侧按照标志盘的间隔控制自己的步频与步距，最终完成所有标志盘时快速冲向终点，从两侧慢跑回到本组；

❹ 下一名学生准备，依次类推，进行练习。

执行要素

练习要求

严格按照标志盘码放要求进行。

注意事项

注意在标志盘右侧进行，避免踩到标志盘滑倒。

难度与变量

可改变标志盘的数量和总距离。

执行分享与要点提示

❶ 教师在执行中尽可能随学生跑动方向及时跟进，增加激励语言与及时保护动作；

❷ 步频控制在练习中起到关键作用，教师在活动前要着重示范，强调动作要点。

结束部分

结束部分

整理活动

学生成两路纵队间隔半臂距离站好，后面的学生给前面的学生轻打背部进行放松，拍打结束向后转交换角色。

分享与引导

① 学生及时提出问题，思考跨步跑对于手臂和身体的要求有哪些。
② 课后可相互分享跑步中的有趣的事情。

课后记录

（课中学生的表现与反应，练习是否流畅）

<集体协调跑>

课时40(分钟)

人数32(人)

场地范围
28(米)x15(米)

教学步骤

1	开始部分	课堂常规	2 分钟
2	开场活动	龙争虎斗	10 分钟
3	主体活动	集体绑腿挑战跑	10 分钟
4	主体活动	俄罗斯套娃	15 分钟
5	结束部分		3 分钟

教学设计思路

采用集体跑游戏形式，提高练习氛围，加强学生主动参与的意识，同时提高团队意识和合作精神，合理地处理并协调与同伴之间的合作关系。

道具说明

8(个) 8(个) 2(条)

分队背心

课堂常规

开始部分

五名学生一组围成一个圆圈站立。
教师整队，师生问好。
教师设定问题并提出要求，每个小组五名学生全部参与，使用肢体展示一朵含苞待放的花骨朵，再展示一朵盛开的花。

龙争虎斗 开场活动

扫码看视频

教学目标

使全体学生参与到活动当中，充分调动学生兴奋性。

练习方法

❶ 将学生平均分为四组，每组成纵队站于场地内且前后牵住衣角，连成一条龙的形状；

❷ 每组的最后一名学生身后别一件号码服或者一根丝带；

❸ 活动开始后，四组学生在场地内进行争夺“尾巴”之战，只有排头能够争抢其他组的尾巴，被抓到尾巴的组有一人到抓住的组里，最终人数只剩3人的组淘汰。

执行要素

练习要求

1. 各组在争抢时注意不要推搡，避免摔倒；
2. 每组的尾巴不能藏起来，必须露出一半。

注意事项

1. 向学生强调在某一队伍被抓住尾巴后处于换人状态时不能进行抓捕；
2. 保证地面平整无杂物。

难度与变量

根据学生情况调整最终淘汰时所剩的人数。

执行分享与要点提示

教师在活动中看到紧急情况要及时吹哨暂停，以保证学生的安全。

集体绑腿挑战跑

主体活动

教学目标

挑战多人数的集体跑，通过调整难度来增加活动趣味性。

练习方法

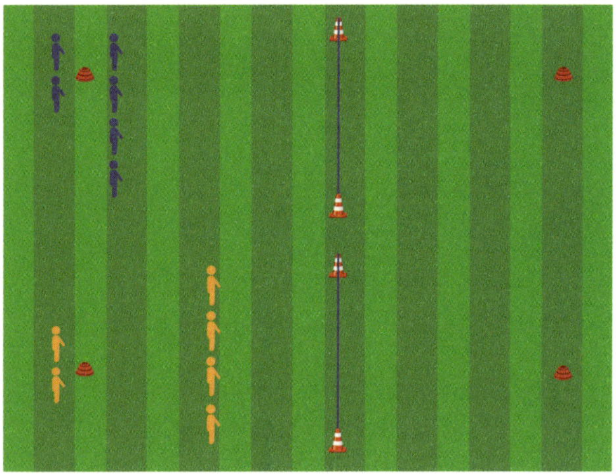

❶ 在场地中间放置两个高于地面40厘米的障碍物，如“绳子”，在场地一侧短边设置两个起点，对应的短边设置折返点，将学生分为两组，站于两个起点后；

❷ 活动开始后，每组派出4名学生并肩站且绑住腿，跑向折返点位置，途中到达中间障碍物处，需4人同时跳过绳子，继续前进，有1人没有同步都需原地重新再来，到达折返点后回来同样跳过障碍物，每次成功回到起点后则要在原来的人数基础上加入3人，继续挑战；

❸ 最终最先完成全部人数挑战成功的组为获胜。

执行要素

练习要求

1. 绑腿跑的过程中需要相互之间搭肩跑，且有一人指挥；
2. 跑动过程中要顾及同伴，控制自己的步伐；
3. 若摔倒，原地站起继续进行；
4. 跳障碍物时，一定注意相互间的配合；
5. 若有人体力不支，可以调换人员但时间不暂停。

注意事项

保证地面平整无杂物。

难度与变量

根据学生具体情况调整距离和障碍物的难度。

执行分享与要点提示

1. 活动过程中教师的位置要及时移动，起到保护作用；
2. 整个课程中，教师的状态要兴奋，能够带动气氛，同时在行动与言语上带给学生激励。

俄罗斯套娃 主体活动

扫码看视频

教学目标

在趣味游戏中，加强团队协作意识和对跑步练习的积极性。

练习方法

1. 将队伍调整为两路纵队位于场地的一侧短边；
2. 每一组对应场地内的起点与折返点；
3. 活动开始后，每组由不少于两名学生手拉手形成一个圆圈出发，到达折返点返回起点后，在这个圈的基础上外面再套一个圈，两个圈同时向折返点前进，返回后继续再套一个圈，以此类推；
4. 最终看哪个组能套出更多的圈且圈内无人摔倒

保证圆圈完整性，圆圈人数最低不少于3人，没有上限，圈与圈之间没有限制，能套上即可。

执行要素

练习要求

1. 在前进过程每个圆圈之间手不能断开；
2. 学生站成圆圈后，前进速度要顾及同伴，避免摔倒；
3. 圆圈内的每个人尽可能面向前进方向，减少背向。

注意事项

1. 学生背向前进时，应该减慢速度；
2. 保证地面平整无杂物。

难度与变量

1. 可改变总距离；
2. 可对圆圈的要求降低。

执行分享与要点提示

整个活动中，教师的状态要兴奋且能够带动气氛，同时在行动与言语上带给学生激励。

结束部分

结束部分

整理活动

学生围成一个大圆圈，教师带领做打节拍的节奏性放松动作。

分享与引导

① 在集体跑中需要大家集思广益，出谋划策，同时要有一名领导者能够带动大家一起行动，学生在一起可以分享各自的角色或者推荐及提出意见；

② 分享集体跑步中的经验和技巧；

③ 如何看待同伴的失误？

课后记录

（课中学生的表现与反应，练习是否流畅）

<中长距离交替跑>

课时40(分钟)

人数32(人)

场地范围

28(米)x15(米)

教学步骤

1	开始部分	课堂常规	2 分钟
2	开场活动	分区追捕	10 分钟
3	主体活动	走跑追逐	10 分钟
4	主体活动	走跑交替练习	15 分钟
5	结束部分		3 分钟

教学设计思路

将学生耐力跑简化为走跑交替的练习，在练习中充分利用场地，减少器材使用，在路线和练习形式中增加趣味性。

道具说明

10(个)

10(个)

分队背心

课堂常规

开始部分

学生成“扇形”站立。
教师整队，师生问好。
教师以提问的形式带领学生回顾上节课的内容，同时进行静态拉伸。

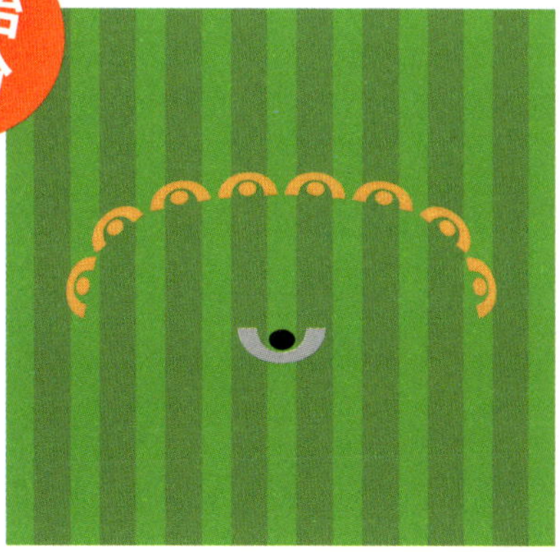

分区追捕

开场活动

扫码看视频

教学目标

利用场地的划分，进行走跑交替游戏，活动进行中采用指定动作要求加强游戏趣味性。

练习方法

❶ 将场地平均分为三块，分别为“走—跑—走”，每个区域有两名“狼人”负责追捕；

❷ 其他学生随意在任何区域内活动，但活动必须按照要求，例如：在跑的区域内必须是跑，走的区域内必须为走，与此同时要躲避“狼人”的追捕；

❸ 被“狼人”抓到时，则要做出指定动作才能继续游戏，如抬起左臂，则在后面的游戏中必须始终抬起左臂，若再被追捕，要在此动作基础上再加指定动作，直到无法活动时则被淘汰。

执行要素

练习要求

活动中被抓捕时要求做的指定动作应按照教师给出的动作进行，“狼人”不得自行改变动作，注意力集中，听清口令。

注意事项

抓捕过程中注意避免冲撞现象，快速中注意观察，为安全起见可选择停下来。

难度与变量

❶ 难度大小可通过改变狼人数量和改变指定动作的难易程度进行调整；

❷ 可再分出区域或合并区域改变难易程度。

执行分享与要点提示

在活动开始前，教师须示范起动跑与折返跑的正确姿势，强调要点。

走跑追逐 主体活动

教学目标

利用小场地进行走跑追逐游戏。

练习方法

❶ 场地为15米X15米的正方形，将学生分为人数均等的两支队伍，每队的每个人都有自己的序号，从1开始；

❷ 活动开始时两支队伍在场边线上按逆时针方向间隔一条边线的距离，进行走跑交替练习；同时教师会喊出数字，如“2”，两队对应数字2的学生则要站在队伍内侧，加速进行走跑交替，努力追赶上前面那名学生，若在一圈内赶上且拍到前面的学生则两人归入胜利组别，若在一圈内没有追赶上直接回队伍，等待下一轮；

❸ 最终人数多的队伍获胜。

执行要素

练习要求

① 外圈的两支队伍在走跑交替过程中要慢速进行，且始终保持纵队队形；

② 进行追赶的学生按照要求做动作。

注意事项

走跑交替练习前，强调走跑交替的动作方法。

难度与变量

① 在喊数字时，教师可同时喊出两个或三个数字，进行多人追逐；

② 外围在慢跑的队伍可加快速度或者减慢速度。

执行分享与要点提示

① 在走跑追逐中，教师可根据学生人数和分组情况，对场地的大小和队伍间距进行调整，以保证活动的合理距离；

② 教师在执行中尽可能随学生跑动方向及时跟进，增加激励语言与及时保护动作；

③ 追逐赛中要强调不可有投机取巧的小动作。

走跑交替练习

主体活动

教学目标

将有限的场地充分利用起来，让学生完整体验长距离走跑交替练习，同时记录成绩。

练习方法

❶ 在15米X25米的场地内横向分出一条折线，学生站在一个起点处；每个折返点有一个标志物，相邻的标志物用不同颜色进行区分；

❷ 教师鸣哨后，学生依次出发，顺序为从走开始，到标志物处变换成跑，以此类推；

❸ 每个人完整地体验一遍后，进行计时测试。

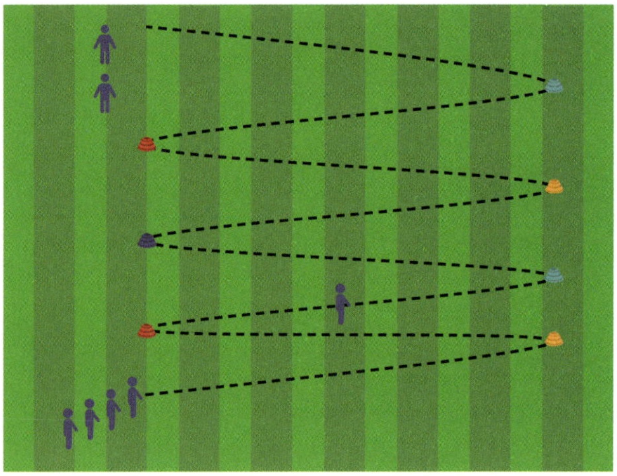

执行要素

练习要求

❶ 每名学生听教师口令出发；

❷ 到达终点后，到一侧3米宽的休息区进行休息。

注意事项

❶ 后面的学生须等待口令出发；

❷ 已完成的学生不要回到起点处。

难度与变量

❶ 跑道数量可以增加至16条（8个折返），加大移动距离至400米，也可再利用16条跑道的场地进行全场的折返加往返，将移动距离增加至800米；

❷ 可缩短“走”的距离，延长跑的距离。

执行分享与要点提示

❶ 在走跑追逐中，教师可根据学生人数和分组情况，对场地的大小和队伍间距进行调整，以保证活动的合理距离；

❷ 教师在执行中尽可能随学生跑动方向及时跟进，增加激励语言与及时保护动作。

结束部分

结束部分

整理活动

学生成“扇形”站立，两腿分开大于肩宽，与左右学生脚相邻，听教师口令进行“向前向后向左向右”放松。

分享与引导

① 学生之间要相互鼓励，长距离的练习中坚持是关键，要相互学习、分享经验。
② 在身体最为疲劳时希望听到同伴们对你说些什么？

课后记录

（课中学生的表现与反应，练习是否流畅）

二单元

UNIT 2

游戏化练习活动资源包

PRIMARY SCHOOL
RUNNING CURRICULUM

“Z”字拼接

所需器材：标志盘

难度提示：★★★

扫码看视频

练习方法

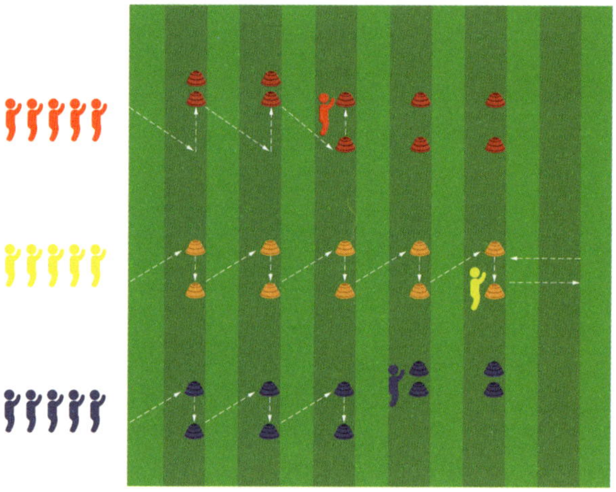

1. 场地为长20米、宽15米的长方形，短边两端分别为起点与折返点，将学生8~12人一组分为若干组，每组对应一列标志盘，标志盘间隔1.5~2米，每个点放置两个标志盘（A、B）；
2. 开始后，各组第一名学生到第一个标志盘处，将标志盘B放在与标志盘A平行相隔1米的位置，依次进行，到达折返点后从标志盘通道返回；
3. 与下一名学生击掌，下一名学生则需将标志盘B放回到原来的位置，到达折返点处直线返回再与下一名学生击掌，依次循环。看哪个组能够又快又整齐地摆放标志盘。

执行要素

活动要求

1. 在活动前进行完整的示范；
2. 强调在拿、放标志盘的时候需要降低身体重心；
3. 跑步返回与同伴击掌应友好轻拍。

执行提示

1. 执行前教师可以在场地内布置好放标志盘的点，测量好距离；
2. 可以两人一组出发，一个人拿，另一个人放，拿的学生先出发，看放标志盘的学生能否追到前面的学生；
3. 在此过程中需多强调拿、放标志盘时的身体重心须下降。

开火车

所需器材 标志盘

难度提示 ★

练习方法

❶ 场地为长20米、宽15米的长方形，短边两端分别为起点与折返点，将学生8~12人一组分为若干组，每组学生双手搭在前面学生的肩上接成火车；

❷ 开始后，火车头带领大家直线前进，并且喊“1、2、1、2”口号，到折返点返回，看哪个组走得整齐，并且喊口号声音洪亮。

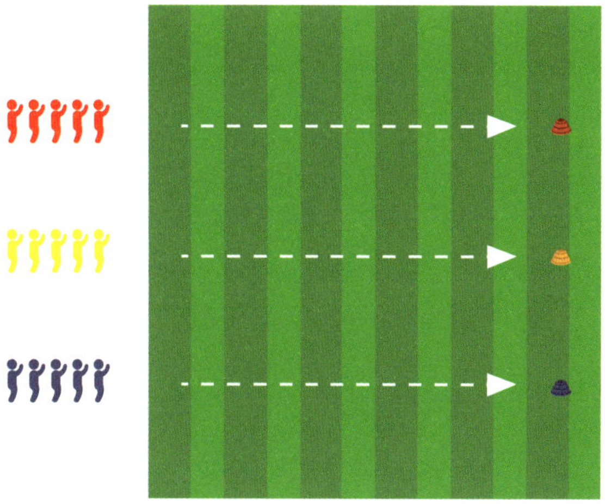

执行要素

活动要求

1. 应在活动前，强调行走时身体姿态，要精神饱满，步伐一致；
2. 均匀直线走，不宜速度过快，保证每名学生的双手都要搭在前面学生的肩上；
3. 在前进过程中，如有断开，教师要及时鸣哨，待重新搭好再继续前行。

执行提示

1. 可以根据活动的执行情况，改变前行的路线，提高挑战的难度；
2. 可以将正常直立行走改为前脚掌走；
3. 注意控制好组与组之间的距离。

小跳蛙

所需器材
敏捷圈、小旗子

难度提示
★★

扫码看视频

练习方法

❶ 场地为长20米、宽15米的长方形，短边两端分别为起点与折返点，将学生8~12人一组分为若干组，每组前方摆放不规则的敏捷圈作为“荷叶”，每名学生需以双脚跳跃的方式连续跳到“荷叶”内，方可到达对岸；

❷ 到达对岸的学生需举起小旗示意，下一名学生方可出发。看哪组的小跳蛙最先全部安全到达对岸。

执行要素

活动要求

1. 教师在活动开始前进行动作示范，讲述双脚跳的动作要领；
2. 前一名学生到达对岸举旗子后，后一名学生才能出发；
3. 在前进过程中，若跳在“荷叶”外，需返回重新进行排队，等待前进。

执行提示

1. 可以根据学生的实际情况调整“荷叶”的间距；
2. 介入情景，强调需双脚跳入“荷叶”，而不是跨过。

文明行人

所需器材
标志盘

难度提示
★★

扫码看视频

练习方法

❶ 场地为长20米、宽15米的长方形，短边两端分别为起点与折返点，将学生8~12人一组分为若干组，每组对应一列标志盘，教师站在折返点位置作为交通指挥员。开始后，各组的第一名学生以“S”型路线前进，当教师举起红色标志盘时，学生需要停止前进，原地纵跳，当教师举起绿色标志盘时方可继续前进，到达折返点后与下一名学生击掌接力；

❷ 看哪个组的学生能够按照交通灯的指示做相应的反应，争做文明行人。

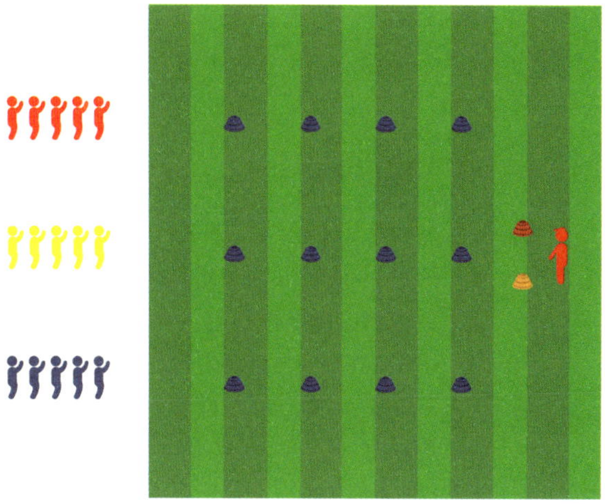

执行要素

活动要求

1. 教师在活动开始前进行动作示范，讲述纵跳的动作要领；
2. 要按照指示灯前进，有违反交通规则的可进行减分；
3. 返回时不需要看指示灯。

执行提示

1. 可以改变前进路线，设置不同的障碍物，提高难度，如加入敏捷圈需要绕圈前进等；
2. 可以将一人前进改为两人前进，需要步伐一致。

运输机器人

所需器材：标志盘

难度提示：★★

扫码看视频

练习方法

1. 场地为长20米、宽15米的长方形，短边两端分别为起点与折返点，将学生8~12人一组分为若干组，每名学生都需要手持一个标志盘；
2. 开始后，每组的第一名学生将标志盘放在头上，双手不能触碰标志盘前进，到达折返点后放下标志盘，直线跑回与下一名学生击掌接力，最后要将所有运输到组装区的标志盘拼成正方形。看哪个组的“机器人”在最短时间内组装得最好。

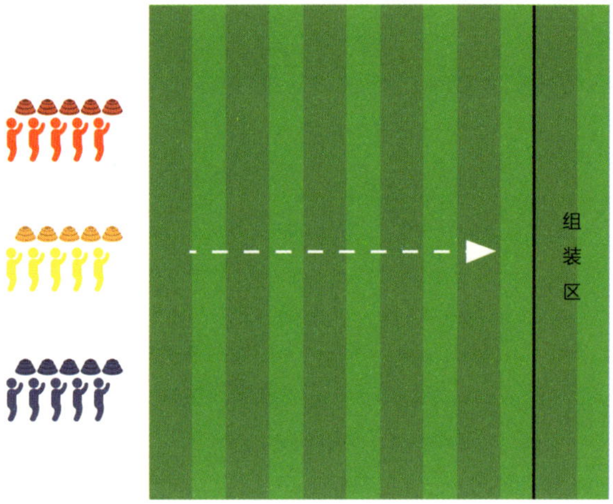

执行要素

活动要求

1. 教师在活动开始前进行动作示范，出发后手侧平举，不能触摸标志盘；
2. 标志盘掉了需要重新返回起点出发；
3. 跑步返回与同伴击掌应友好轻拍。

执行提示

1. 可以设置不同的图形进行组装；
2. 提示控制好速度，在保证标志盘不掉的情况下加快速度。

双双出入

所需器材　敏捷圈

难度提示　★★★

扫码看视频

练习方法

1. 场地为长20米、宽15米的长方形，短边两端分别为起点与折返点，将学生8~12人一组分为若干组，每组的两名学生为搭档；
2. 开始后，两人手拉手前进，到达敏捷圈位置需要同步跳进再跳出，到达折返点后以同样的方式返回，到达起点后与下一组学生击掌接力，看哪个组最先完成。

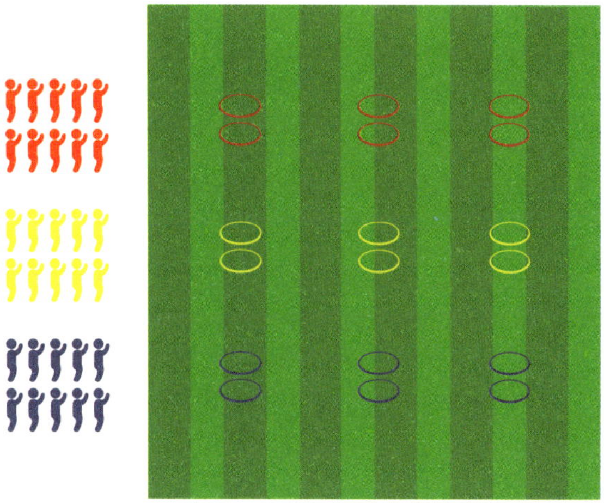

执行要素

活动要求

1. 教师在活动开始前进行动作示范；
2. 两人需要统一步伐跳进跳出；
3. 跑步返回与同伴击掌应友好轻拍。

执行提示

1. 可以设置间隔不同的敏捷圈，形成连续跳或跑跳结合；
2. 可以根据敏捷圈不同的颜色设置不同的跳跃练习，如红色需要双脚跳，蓝色左脚跳，黄色右脚跳等。

攻城

所需器材
小栏架

难度提示
★★★

扫码看视频

练习方法

❶ 场地为长20米、宽15米的长方形，将学生8~12人一组分为若干组，每两组相对站立；

❷ 活动开始后，每组的第一名学生需要双脚跳起，通过前方小栏架，当两个人到达公共区域后，需要用脚“石头剪子布”，赢的一方可以继续前进，跑步到达对方的营地，输的一方跑步直接返回到自己的营地，再重新出发两名学生，依次循环。哪个组最先占领对方的营地，为攻城成功。

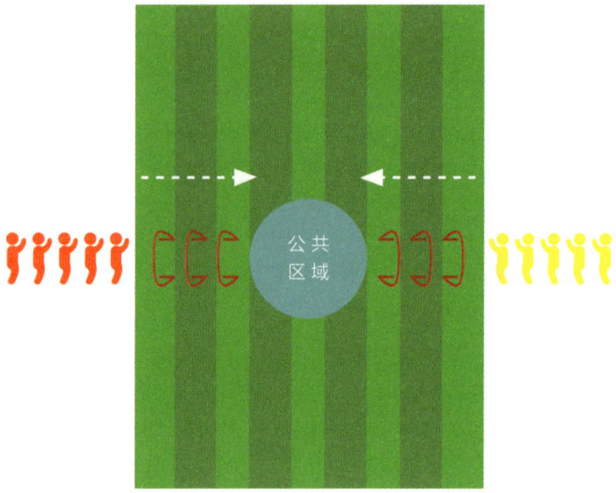

执行要素

活动要求

1. 教师在活动开始前进行活动讲解示范；
2. 出发时需要跳过小栏架，在公共区域分出胜负，返回时都不需要跳小栏架；
3. 双脚跳过小栏架时要求动作到位，双手向上摆臂带动身体；
4. 只有到达公共区域才可以“石头剪刀布”。

执行提示

1. 可以将小栏架朝不同的方向摆放；
2. 不要求速度，表扬跳跃小栏架的学生为“优秀将领”；
3. 可以设置不同的障碍物，调节活动的难度。

打猎人

所需器材
呼啦圈、沙包

难度提示
★★

扫码看视频

练习方法

❶ 场地为长20米、宽15米的长方形，将学生8~12人一组分为若干组，场地中间设置一个圈，为打猎场地，圈中放置着猎物（沙包），设置每组到猎场的距离相等，每组的第一名学生手持一个呼啦圈；

❷ 开始后，每组的第一名学生需将呼啦圈铺在地上，随之跳进圈内，再拿起呼啦圈向前铺路，直至到达打猎场地，带一个沙包，再以相同的方式返回，将呼啦圈交给下一名学生。看哪个组在最短的时间内能够打到最多的猎物。

执行要素

活动要求

1. 教师在活动开始前进行活动讲解示范；
2. 每次出发只能拿一个沙包；
3. 要以双脚跳跃的方式跳进呼啦圈；
4. 以呼啦圈为接力物。

执行提示

1. 可以将沙包换成不同颜色的标志盘，根据教师的不同要求，拿不同的标志盘返回；
2. 不要求速度，放呼啦圈的位置不宜太远，不然无法完成双脚跳跃。

眼疾手快

所需器材
标志盘

难度提示
★★★

练习方法

❶ 场地为长20米、宽15米的长方形，将学生8~12人一组分为若干组，每两组相对站立，在他们中间的位置放置两列颜色不同、数量相等的标志盘，代表两个不同的组；

❷ 开始后，每组的第一名学生直线跑步出发，将代表自己颜色的标志盘翻过来，然后返回到起点与下一名学生击掌接力，待自己组的标志盘都翻过来后，可将对方的标志盘翻转过来；

❸ 看哪个组在规定的时间内将标志盘翻过来的个数最多。

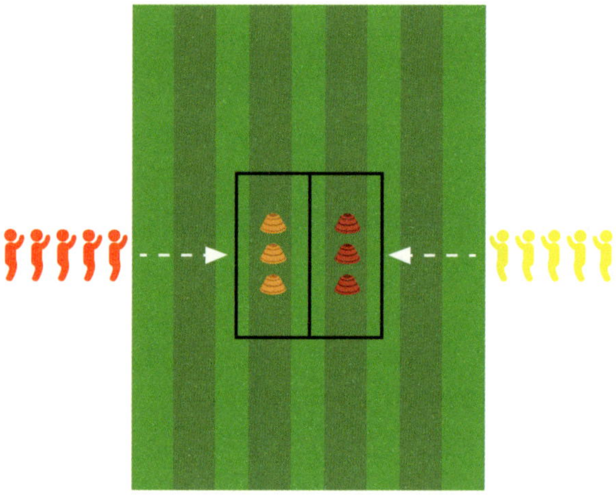

执行要素

活动要求

❶ 教师在活动开始前进行活动讲解示范；

❷ 每次出发只能翻转一个标志盘；

❸ 跑步返回与同伴击掌应友好轻拍。

执行提示

❶ 可以设置不同的前进路线，以改变活动的难度；

❷ 根据实际情况控制活动时间和学生的运动负荷。

沙包掷准

所需器材
沙包

难度提示
★★★

练习方法

❶ 场地为长20米、宽15米的长方形，将学生8~12人一组分为若干组，场地之间画一个大圆，放置与组数相同数量且颜色不同的沙包，每组到中间的距离相等；

❷ 开始后，每组的第一名学生跑步到圈内拿自己组颜色的沙包，再返回到起点，将沙包投掷到圈内，投进得1分，然后听教师的口令下一组再出发。看哪个组投进的沙包数最多。

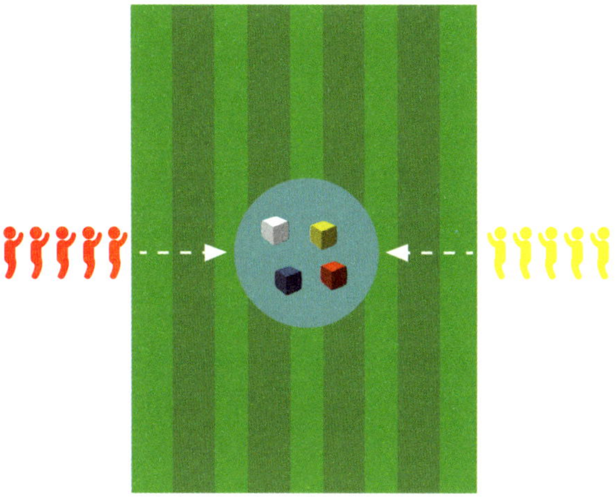

执行要素

活动要求

1. 教师在活动开始前进行讲解示范；
2. 每组都需要得到教师的指令才能够出发；
3. 到达起点后才能将沙包投出。

执行提示

1. 根据学生的实际情况调整投掷的距离；
2. 可以设置不同的前进路线；
3. 可以放置多个沙包，待全部拿回后，每组的学生依次投掷，最后统计圈内的沙包数量。

奔跑的火车

所需器材
标志盘

难度提示
★

练习方法

❶ 场地为长20米、宽15米的长方形，将学生8~12人一组分为A、B两组，短边一端为A组的起点与B组的终点，另一端为A组的终点与B组的起点，起点与终点间相隔10米；A、B两组的起点与终点之间各码放5个标志盘，码放方式如右图所示；

❷ A、B两组分别站在两个起点处，队伍成纵队似“小火车”样站好，后面的同学双手牵住前面同学身后的衣角，让小火车连起来；

❸ 游戏开始后，两边的小火车沿自己的轨道跑向终点。最先到达终点的一组获胜。

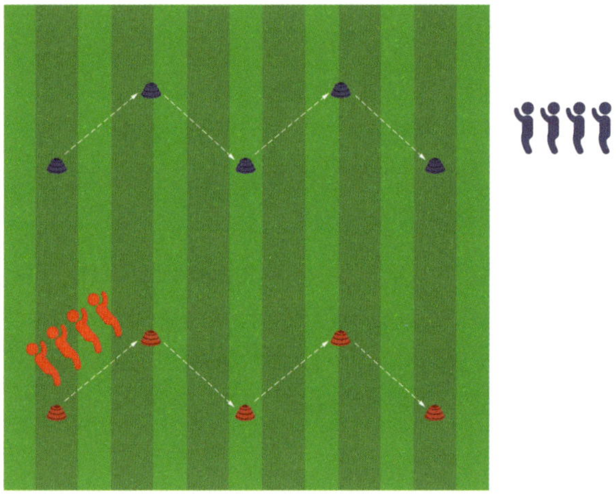

执行要素

活动要求

1. 应在活动前强调并示范、演练火车奔跑的方式；
2. 如火车在中途断开，可原地连接后继续完成。

执行提示

1. 可根据执行情况改变连成火车的人数，再采用接力式，如A组第一个小火车到达终点后，第二组小火车马上出发，最后比较两组所有火车达到时间；
2. 不强调速度很快，但要求学生在途中照顾队友；
3. 执行前教师要保证场地平整无杂物，保证标志盘不成为危险物。

你追我赶

所需器材 标志盘

难度提示 ★

练习方法

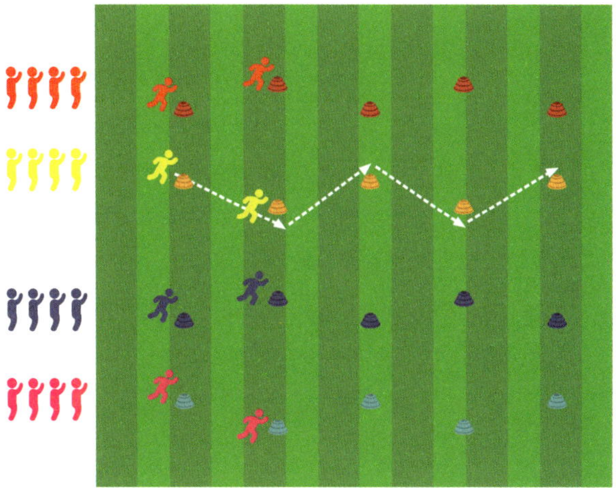

1. 场地为长20米、宽15米的长方形，短边一端为起点，另一端为终点，四支队伍四个起点、终点，每个起点与终点间码放4个或5个标志盘，成折线码放，每个标志盘相距4米；
2. 将学生4或6人一组分为四组，分别站在两个起点处，每组的第一名同学站在第二个标志盘处，第二名同学站在第一个标志盘处，其余同学在起点处等待；
3. 第一名同学为被追者，第二名同学为追逐者，游戏开始后，两人同时跑，跑动路线为标志盘所码放的折线，在追逐过程中，若被追者被追逐者追上且拍打到肩膀，则在原地静止3秒，同时两人交换角色，途中被拍到次数少者为胜方；
4. 两人结束后，起点处的下两名同学同上进行，依次循环，整个队伍完成练习后，将刚刚的追逐者和被追者交换位置，再进行一轮。

执行要素

活动要求

1. 跑动时需强调在标志盘的外侧跑，不可抄近路；
2. 追逐中，拍打肩膀要友好轻拍。

执行提示

1. 教师位置要随学生而动，发生跌倒摔伤时要及时观察到；
2. 保证场地平整无杂物，游戏过程中标志盘要随时归位，以免成为危险物。

丛林奔跑

所需器材
垫子、呼啦圈、小栏架

难度提示
★★

练习方法

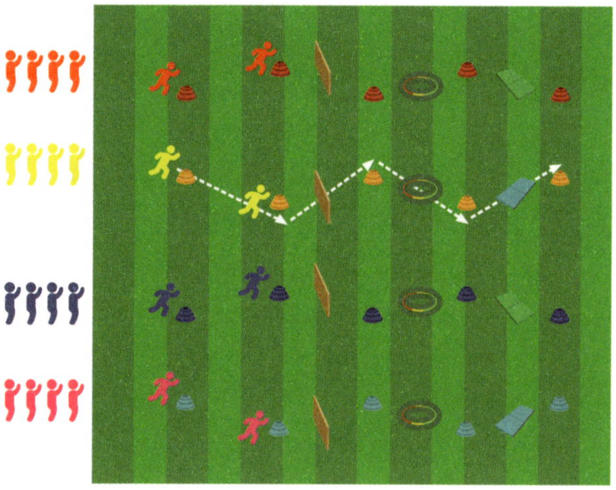

❶ 场地为长30米、宽20米的长方形，短边一端为起点，另一端为终点，四支队伍四个起点、终点，每个起点与终点间码放5个标志盘，成折线码放，每个标志盘间距5米，中间分别摆放一个栏架、一个垫子、一个呼啦圈；

❷ 将学生4或6人一组分为四组，分别站在两个起点处，每组的第一名同学站在第二个标志盘处，第二名同学站在第一个标志盘处，其余同学在起点处等待；

❸ 第一名同学为被追者，第二名同学为追逐者，游戏开始后，两人同时跑，跑动路线为标志盘所码放的折线，在追逐过程中遇到栏架要双脚跳过，遇到垫子要做一个前滚翻、遇到呼啦圈要拿起来从呼啦圈内钻过，若被追者被追逐者追上且拍打到肩膀，则在原地静止3秒，同时两人交换角色，途中被拍到次数少者为胜；

❹ 两人结束后，起点处的后两名同学同上进行，依次循环，整个队伍完成练习后，将追逐者和被追者交换位置，再进行一轮。

执行要素

活动要求

❶ 应在活动前示范、演练双脚跳、前滚翻、钻呼啦圈动作；

❷ 在过程中必须完成指定动作，完成动作进行中不可拍打，动作前后均可，追逐者也需完成指定动作才可继续追人。

执行提示

❶ 可根据执行状况改变行进时的指定动作的难度；

❷ 执行前，教师可请一名同学配合示范，确保规则清楚；

❸ 游戏前要强调正确的跑步姿势，讲解加快跑步速度的方法。

稳中求快

所需器材：作业本、标志盘

难度提示：★

练习方法

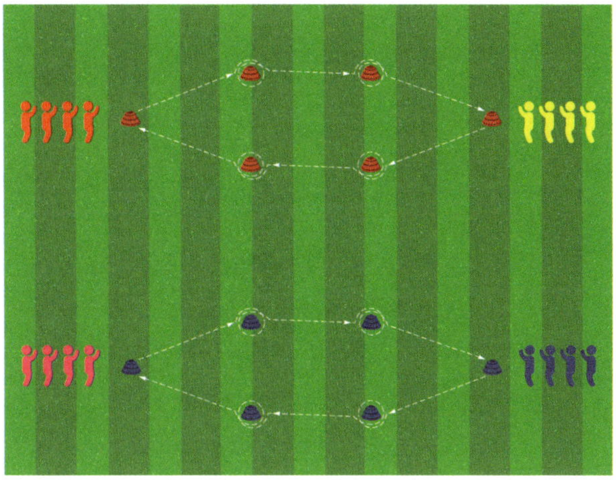

1. 场地为长30米、宽20米的长方形，短边一端为A点，另一端为B点，在A点与B点间有4个标志盘，靠左侧放两个标志盘，平行对应地靠右侧放两个标志盘，前后标志盘间隔4米，左右间隔3米；
2. 将学生8人或12人一组分为两组，每组将人数均分为两小队，分别站于A、B两点，每队排头有两本作业本，分别用左右手托住两个作业本底部；
3. 游戏开始后，A点与B点两个排头托好作业本从端线开始快步走，两名同学都沿自己的右手边标志盘走，每遇到一个标志盘便要绕标志盘转一圈再继续前进，行进到对面的端线后将作业本作为接力物交给队伍第一名同学，接到后，同上一名同学所做，依次循环；
4. 将全部根据人数分为四大组，每一大组都同上进行，游戏开始后，每个大组之间进行比赛，当A点的所有人与B点的所有交换位置后，本组完成比赛，最终用时最短的组别获胜。

执行要素

活动要求

1. 应在活动前强调并示范、演练行走时的身体姿态；
2. 如作业本在中途掉落可原地拾起后继续完成。

执行提示

1. 可根据执行状况改变分组人数，尽可能让学生减少滞留时间；
2. 标志盘处绕圈时，要完整做完；
3. 不强调快速完成，不比拼速度。可将作业本掉落次数少作为获胜指标。

运气"碰碰碰"

所需器材：标志盘、抽签条

难度提示：★★

练习方法

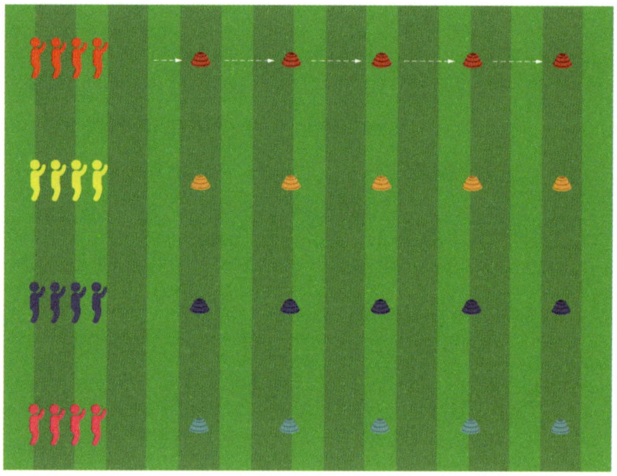

1. 场地为长20米、宽15米的长方形，短边一端为起点，另一端为终点，将学生平均分成四组，分别站于起点处；
2. 四支队伍各有起点、终点，每个起点与终点间码放5个标志盘，每个标志盘之间间隔5米，在每个标志盘下面会有5个抽签条，分别为蹲步走、象步走、猫步走、锁膝走步和握足前进；
3. 游戏开始后，第一名同学跑向第一个标志盘，抽取签条，再将签条背向放回标志盘下，按照指定动作快速前进到下一个标志盘，后面的标志盘同上操作，当到达终点后，第二名同学出发，动作同前一名同学，以此类推；
4. 四组同时进行，所有人到达终点时，用时最短的组获胜。

执行要素

活动要求

1. 应在活动前强调并示范、演练各种行走时的身体姿态；
2. 每次抽签只有一次机会，抽到签条后将签条原样放回，以便后面的同学使用。

执行提示

1. 可根据执行状况改变签条内的动作难度；
2. 不强调快速完成，指定动作要完成好，最后取胜标准可换成对动作完成标准度进行评判；
3. 执行前教师可完整示范一遍，以便理解。

绳系你我

所需器材
标志盘、跳绳

难度提示
★★★

练习方法

❶ 场地为长20米、宽15米的长方形，码放相距15米的起点与终点；

❷ 将学生平均分成四组，各组分别站于四个起点后，每组再派一名同学到终点处且手持跳绳一根；

❸ 游戏开始后，各组终点的同学边跳绳边跑，跳跑回起点处，队首的同学马上与他一起拿跳绳，两人各持一个手柄，用相同的方式跳跑回终点，到达终点后，刚刚从起点出发的同学跳跑回起点，再带一人回终点，当每个人完成一次来回时就停留在终点处，以此类推；

❹ 四组同时进行，当所有人到达终点时游戏结束，用时最短的一组获胜。

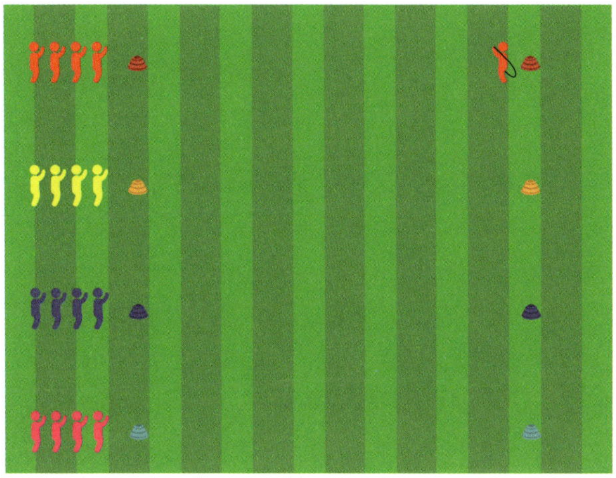

执行要素

活动要求

1. 应在活动前强调并示范、演练边跳绳边跑时的身体姿态；
2. 如跳绳在中途掉落可原地拾起后继续完成。

执行提示

执行前，教师应亲身示范单人跳跑与双人跳跑的动作，且重点强调动作细节。

不要跑直线

所需器材
标志盘，四种颜色的丝带

难度提示
★★★

练习方法

❶ 场地为边长40米X40米的正方形，再分出3个边长为10米X10米的小正方形；

❷ 将学生分为红、黄、蓝三队，再将每队分成等人数的三个小组，分别站在三块小正方形场地上；

❸ 游戏开始后，三个小组分别派出一名队员进入场地内，进行“抓捕、躲避”赛，抓捕顺序为“红抓黄、黄抓蓝、蓝抓红”的顺序进行，在场地内不能够直线跑超过5步；

❹ 计时2分钟，限时内抓到一次得1分，抓到次数越多，得分越高，所得分数计入本小组总分内。

执行要素

活动要求

1. 应在活动前强调并示范、演练跑步时的身体姿态，且注意直线跑不能超过5步；
2. 所需时长与场地大小可根据人数而改变；
3. 由于游戏监督性较难，所以教师应在活动开始前，向学生强调安全的重要性。

执行提示

1. 根据对第一组的观察，及时调整单组所需的时长；
2. 教师在每组结束后，注意学生是否离开场地回到本组，以免碰撞。

夺宝奇兵

所需器材
标志盘、沙包

难度提示
★★

扫码看视频

练习方法

❶ 场地为长30米、宽20米的长方形，在场地四角分别码放出边长为4米X4米的正方形，四个正方形为四个组的营地；

❷ 将学生平均分成四组，每组一个营地，营地内有本组的宝贝（20个沙包）；

❸ 游戏开始后，各组只可出发两人，去其他三个营地夺取宝贝，一个人一次只可夺取1个宝贝，拿到宝贝后快速回到本组营地，回来一人才可再次出发一人；

❹ 限时2分钟，最终拿到宝贝数量最多的组获胜。

执行要素

活动要求

1. 在其他人夺取宝贝时，本组营地其他待命同学不可进行防守，只可在本组营地后方准备替换；
2. 每组只有当夺回的宝贝放置营地后，才可以再次出发。

执行提示

1. 可根据执行状况及时改变场地大小，宝贝数量；
2. 教师在执行前，着重强调规则要求。

愉快追拍

所需器材

难度提示 ★

扫码看视频

练习方法

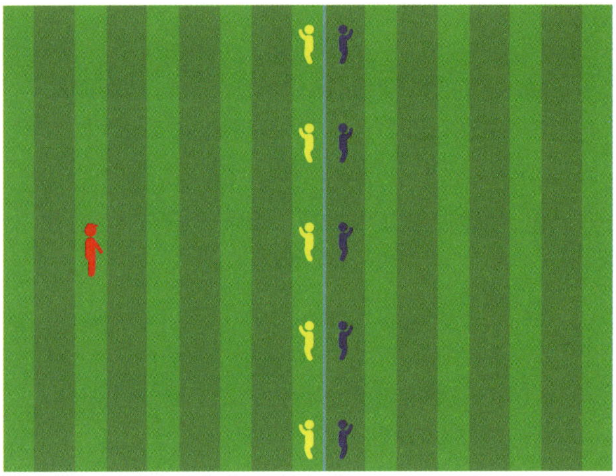

1. 场地为长20米、宽15米的长方形，短边两端分别为起点与终点，在场地中间设置一条中间线；
2. 将学生平均分成两组，分别站在中间线的两边，两两背对背站立，间距1米，左右间距1米；
3. 游戏开始后，教师选择一个方向，给面对自己方向的同学肢体信号，如“拍打肩膀”，信号给完后，吹哨示意身后同学转身，身后同学转身后开始拍打前方同学除头部以外的部位，一旦拍到老师给的信号部位，前方同学便开始转身追捕，拍中的同学时刻准备逃跑；
4. 跑过短边的端线即可，在追捕过程中一旦追到，即可停止，被追到同学以“兔子跳”返回，没有追到的追捕同学同样以“兔子跳”返回。

执行要素

活动要求

1. 游戏过程中涉及拍打动作时，都不可用力拍打；
2. 追捕过程中，只能跑直线，以免与其他组别相撞。

执行提示

1. 可根据执行状况改变场地大小；
2. 教师在给出肢体信号时，确保前方每名同学都看到，同时保证身后同学遵守规则。

竞速拼图

所需器材：标志盘、沙包

难度提示：★★

练习方法

❶ 场地为长30米、宽15米的长方形，短边两端分别为起点与折返点，在起点与折返线之间等距离码放三个标志盘，且折返点处有一个5米×5米的区域；

❷ 将学生平均分为四组，分别成纵队站在四个起点后，每人手持一个沙包，每组对应一列标志盘，三个标志盘分别站一名学生，不拿沙包；

❸ 游戏开始后，教师大声喊出指定图案，如“正方形”并吹哨，哨响后起点处的第一名同学拿着沙包快速跑向第一标志盘的同学，将沙包交接，交接完后停在标志盘处，接过沙包的同学快速跑到第二标志盘，将沙包交给第二标志盘的同学，以此类推，最后接过沙包的同学跑向终点，在终点指定区域内码放沙包，沙包放完后快速回到起点与下一名出发的同学击掌接力，下一名同学与上一名出发同学一样，最终目的是本组所有的沙包码放成指定图案；

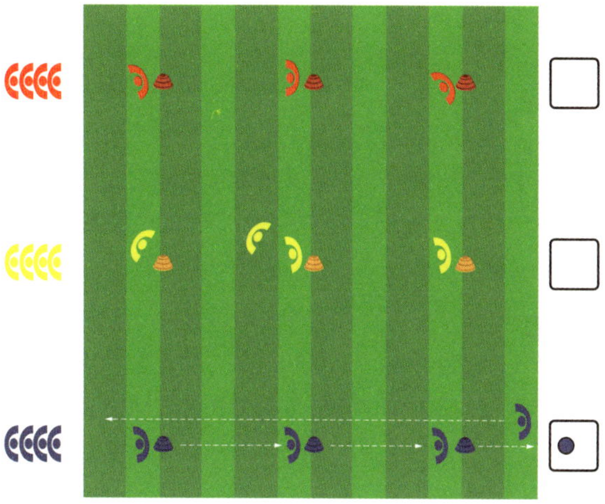

❹ 最后，完成指定图案最快且每个人完成一次全程跑的组别获胜。

执行要素

活动要求

1. 游戏中每人只能拿一个沙包；
2. 完成的图案必须用到所有沙包，不能少也不能多；
3. 跑步返回与同伴击掌时应友好轻拍。

执行提示

1. 教师在游戏前应请同学示范，确认规则；
2. 场地的距离可根据实际情况进行调整；
3. 第一名完成沙包码放的同学回到队尾后需要再跑一次全程，保证每名同学都跑了一次全程。

“太阳”拼图

所需器材
扑克牌、敏捷圈

难度提示
★

练习方法

❶ 场地为长20米、宽15米的长方形，短边两端分别为起点与折返点，将学生8~12人一组分为若干组，位于场地起点一端成纵队站立，每人一张扑克牌，每组间距2米，与每组相对应的场地另一端折返点处各摆放一个敏捷圈；

❷ 活动开始后，各组第一名学生将扑克牌放于头顶之上，行走至敏捷圈处，将扑克牌摆放至本组的敏捷圈外侧，扑克牌短边与敏捷圈外侧相接，似“太阳”的光线，摆放好后跑步回到本组与下一名同伴击掌并出发，以此类推；

❸ 待所有人都完成，看看哪组的“太阳”拼图最均匀、整齐。

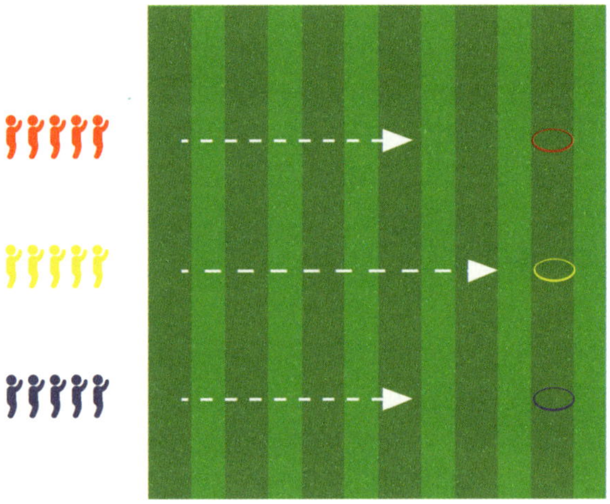

执行要素

活动要求

1. 应在活动前强调并示范、演练行走时的身体姿态；
2. 如扑克牌在途中掉落可原地拾起后继续完成；
3. 跑步返回与同伴击掌时应友好轻拍。

执行提示

1. 可根据执行状况改变行进时双臂的姿态，可为侧平举、前平举、直臂上举等；
2. 返回击掌可变化为在同伴头顶摆放好扑克牌；
3. 不强调快速完成，不比速度。可将掉落次数少、拼图完整均匀设定为获胜指标；
4. 执行前教师可用扑克牌和敏捷圈摆放出完成的“太阳”向学生示范。

行走平衡练习

所需器材
标志盘

难度提示
★

练习方法

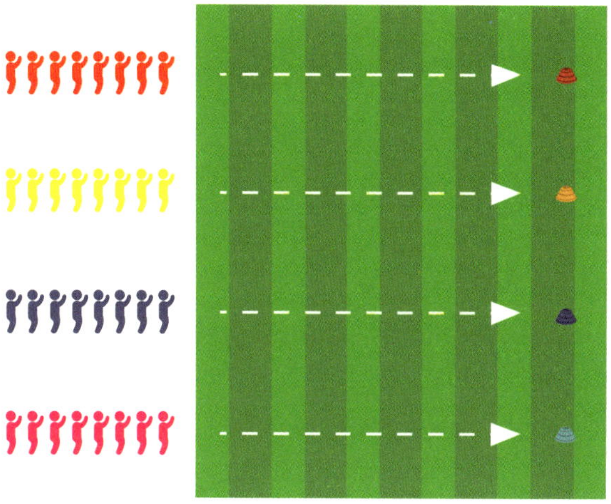

1. 场地为长20米、宽15米的长方形，短边两端分别为起点与终点；
2. 将学生8~12人一组分为若干组，每组在起点一端成纵队站立，每组间距2米，于每组相对应的场地的另一端终点处各摆放一个标志盘；
3. 开始后学生按照教师要求向对面终点行进，到达终点后成一路纵队站在标志盘后。

大步走练习： 用自己最大步幅走向终点，并记清楚自己一共走了多少步；教师按组听学生报告自己的步数，并选出各组步数最少的一名同学，组织这4名学生做展示，然后再组织所有学生进行一次大步走练习，看看是否有新的记录产生。

小步快走练习： 学生由起点出发，用自己最快频率走向标志盘，此练习进行2组。

前脚掌走练习： 学生由起点出发，用前脚掌走向标志盘，脚跟不沾地，体会前脚掌力的感觉，此练习进行2组。

脚跟走练习： 学生由起点出发，用脚跟着地，走向标志盘，此练习进行2组。

自然放松走： 头要正，肩要平，两眼平视挺起胸，两脚交替向前迈，前后摆臂要放松，此练习进行2组。

执行要素

活动要求

1. 学生在练习过程中，尽力按照老师要求的方式行走；
2. 整个练习过程禁止跑动。

执行提示

1. 每项练习前，教师先带领学生进行原地练习，强调每种动作方法的不同；
2. 学生练习过程中注意力应在不同走姿身体的感受上，不强调速度；
3. 练习结束后，可引导学生说出自然、正确的走步姿势。

走姿练习

所需器材：标志盘

难度提示：★

练习方法

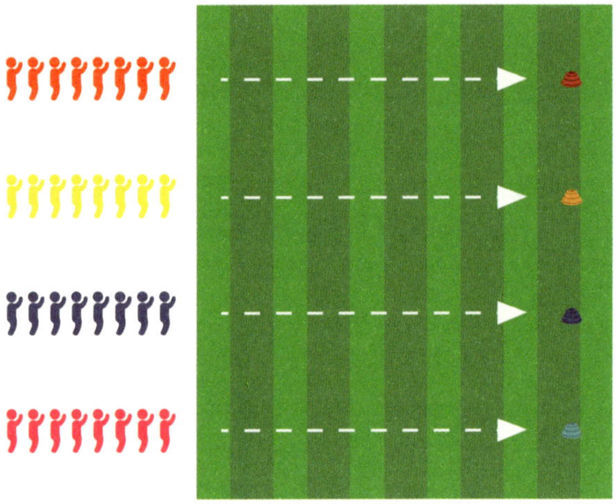

1. 场地为长20米、宽15米的长方形，短边两端分别为起点与终点，将学生8~12人一组分为若干组；
2. 每组在起点一端成纵队站立，每组间距2米，于每组相对应的场地的另一端终点各摆放一个标志盘；
3. 活动开始后，学生按照教师提出的要求向对面终点行进，到达终点后成一路纵队站在标志盘后。

两臂贴紧身体走： 学生由起点出发，两臂紧贴身体，向前行进，此练习进行2组。

两臂上举走： 学生由起点出发，两臂上举，紧贴耳朵，向前行进，此练习进行2组。

高摆臂走： 学生由起点出发，向前行进时两臂尽量高摆，此练习进行2组。

手抱头走： 学生由起点出发，双手抱头向前行进，此练习进行2组。

拍手走： 学生由起点出发，边向前行进，边在胸前做击掌动作，此练习进行2组。

自然放松走： 头要正，肩要平，两眼平视挺起胸，两脚交替向前迈，前后摆臂要放松，此练习进行2组。

执行要素

活动要求

1. 学生在练习过程中，尽力按照老师要求的方式行走；
2. 整个练习过程禁止跑动。

执行提示

1. 每项练习前，教师先带领学生进行原地练习，强调每种动作方法的不同；
2. 学生练习过程中注意力应在不同走姿身体的感受上，不强调速度；
3. 练习结束后可引导学生说出走路时两臂的正确姿势。

模仿走练习

所需器材 标志盘

难度提示 ★

练习方法

1. 场地为长20米、宽15米的长方形，短边两端分别为起点与终点；
2. 将学生8~12人一组分为若干组，每组在起点一端成纵队站立，每组应有2米左右间距，每组相对应的场地的另一端终点处各摆放一个标志盘；
3. 活动开始后，学生按照教师要求向对面终点行进，到达终点后成一路纵队站在标志盘后。

猫步走：学生由起点出发，模仿猫走步，行进时左右脚轮流踩到两脚间中线的位置，此练习进行2组。

象步走：学生由起点出发，模仿大象走路，行进时身体重心放在一条腿上，另一条腿抬起，此练习进行2组。

螃蟹走：学生由起点出发，模仿螃蟹，身体侧面面对行进方向，横着走，此练习进行2组。

企鹅走：学生由起点出发，模仿企鹅走路，向前行进，此练习进行2组。

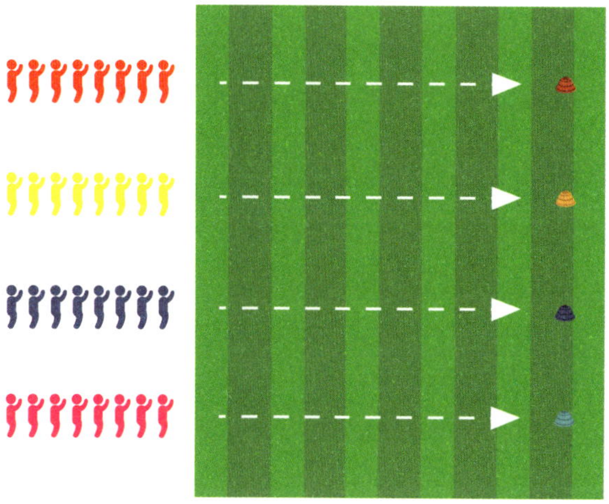

自然放松走：头要正，肩要平，两眼平视挺起胸，两脚交替向前迈，前后摆臂要放松，此练习进行2组。

执行要素

活动要求

1. 学生在练习过程中，尽力按照老师要求的方式行走；
2. 整个练习过程禁止跑动。

执行提示

1. 每项练习前，教师可先引导学生模仿不同的动物，激发学生兴趣；
2. 学生在练习过程中，注意力应在不同走姿身体的感受上，不强调速度；
3. 练习结束后，可引导学生说出自然放松走的动作方法。

直线走练习

所需器材 标志盘

难度提示 ★★

练习方法

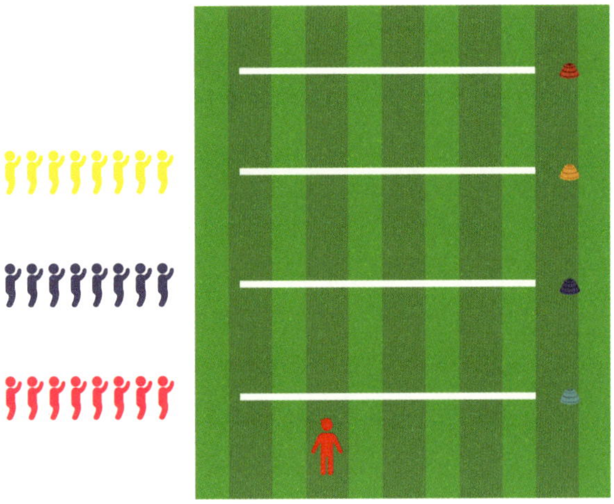

1. 场地为长20米、宽15米的长方形，短边两段分别为起点与终点；
2. 将学生8~12人一组分为若干组，每组在起点一端成纵队站立，每组间距2米，与每组相对应的场地的另一端终点处各摆放一个标志盘；
3. 在起点与终点之间用粉笔在地上画出宽约10厘米的长方形；
4. 每组第一名同学出发，沿着地上的长方形向前行走，采用自然放松走的方式，此练习进行2组（学生可以低头看着地上的长方形进行练习）；
5. 学生将头抬起，不得用眼睛看地上的长方形，进行直线走，此练习进行2组；
6. 沿直线走时上体正直，自然挺胸，眼向前看，两臂自然前后摆动，两脚向前迈步，脚跟先着地，然后迅速过渡到前脚掌着地。注意纠正内外八字脚。

执行要素

活动要求

1. 学生在活动中身体要始终要保持直立姿态；
2. 练习时，教师要对学生强调速度不宜过快。

执行提示

1. 教师引导学生注意力放在走路的动作上；
2. 教师可在每组练习间隔的时候对学生强调自然放松走的动作技术方法。

不同方向走的练习

所需器材

难度提示 ★★

练习方法

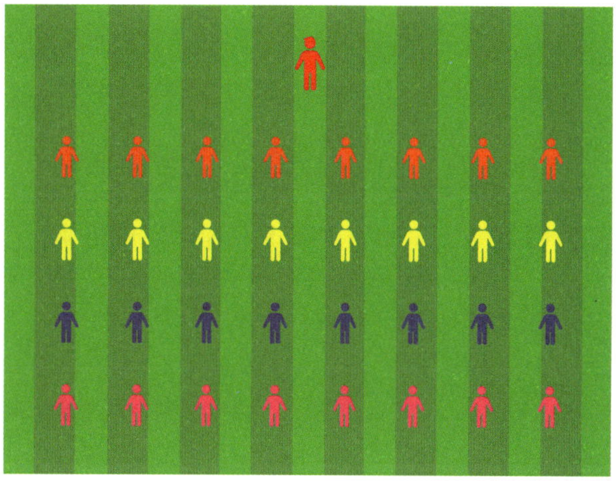

❶ 场地为长20米、宽15米的长方形，短边两端分别为起点与终点；

❷ 将学生8~12人一组分为若干组，两臂侧平举成体操队形站在场地中央；

❸ 活动开始后，教师站在学生对面，喊出不同的方向，如前、后、左、右；

❹ 学生根据教师的指令进行不同方向的行走，每次走3步；

❺ 向左和向右走的时候可以采取横向行走的方式，也可以采用先左转或右转，然后采用齐步走的方式进行练习。

执行要素

活动要求

1. 在活动中学生须集中注意力；
2. 练习中注意学生的前后间距。

执行提示

1. 教师可采用手势发出前进方向的指令；
2. 在练习前可先进行原地三面转法的练习；
3. 教师发口令时可采用相反的口令，如向前，学生则向后走；
4. 教师可在每组练习间隔的时候对学生强调自然放松走的动作技术方法。

八字跳跃

所需器材 难度提示
标志盘 ★★★

练习方法

❶ 矩形场地，从起点线出发，间隔30~50厘米放一个标志盘，共码放16个；

❷ 将学生平均分成四组，每组8~10人；

❸ 听教师口令出发，学生沿着标志盘码放的间隙位置，直线做内八字和外八字连续循环的跳跃练习。

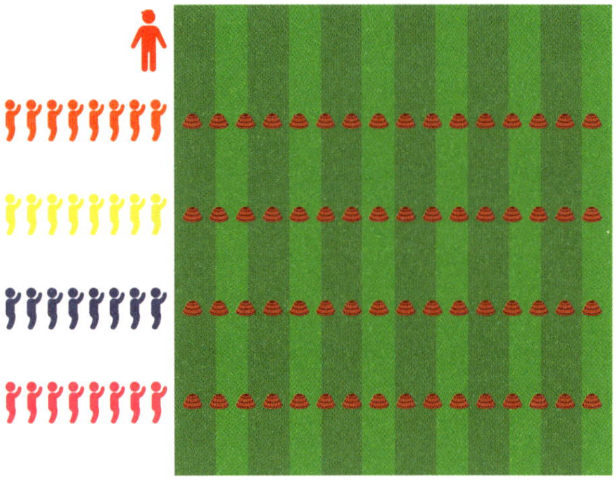

练习动作图示：

外八字跳跃脚型　　内八字跳跃脚型

执行要素

活动要求

1. 学生在跳跃过程中脚跟不落地，强调用前脚掌发力；
2. 内八字和外八字要求连续循环，不得单一动作重复出现；
3. 往返为一组，每名同学做5组；
4. 根据学生练习情况可以增减标志盘数量和距离，也可变化跳跃路线，根据熟练程度可以加入竞赛环节。

执行提示

1. 教师先带领学生原地做内、外八字跳跃练习，体会前脚掌发力的动作要领；
2. 练习过程中引导学生内、外八字的动作幅度尽量夸张；
3. 练习前注意学生踝关节的准备活动；
4. 练习结束后询问学生哪个部位有感觉，什么感觉，并带领学生放松。

摆髋练习

所需器材 标志桶

难度提示 ★★★

练习方法

❶ 需要在有支撑物的场地进行此练习：一面墙、双杠或者单杠；

❷ 在每名学生与支撑物之间，用标志桶码放一个等腰三角形；

❸ 将学生平均分成四组，每组8~10人；

❹ 准备动作：学生需要双手扶住支撑物，使自己的身体成一条直线，提起脚跟，重心微微前倾；

活动开始：以左腿为例。将脚放在正前方标志桶的右侧，抬起大腿（大小腿折叠，勾起脚尖），保持该动作用膝关节带领腿向身体左侧平移到不能再移动时下落，用前脚掌落地在左侧标志桶的外侧，随后再迅速抬腿移动回到初始位置；连贯进行即完成一次。

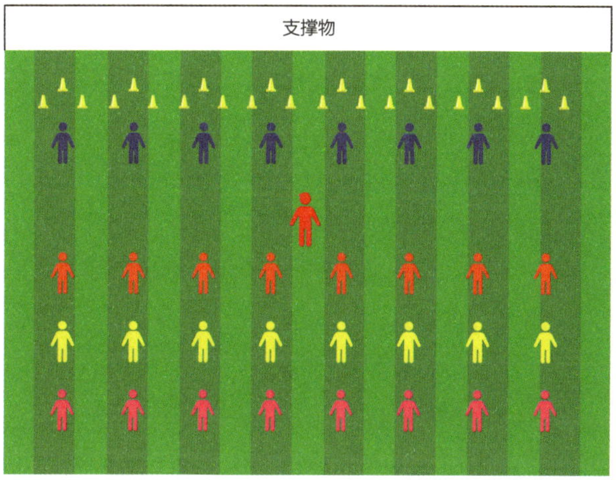

练习动作图示：以左腿为例

执行要素

活动要求

1. 学生在活动中身体始终要保持直立姿态，并且用前脚掌支撑地面；
2. 练习过程中大腿要抬平，并用膝关节带领腿运动；
3. 每条腿做20次，左右腿各完成20次为一组，每名同学做5组；
4. 根据学生练习情况可以增减标志桶的距离，变化学生的摆髋幅度。

执行提示

1. 教师先带领学生做原地的分解练习，可以将动作按不同步骤进行拆分，待学生模仿熟练后再开始练习；
2. 练习过程中引导学生尽量将大腿抬高，并提高摆髋的幅度和速度；
3. 练习前注意学生髋关节的准备活动，每组练习结束休息时，注意让学生放松髋关节；
4. 练习结束后询问学生哪个部位有感觉，什么感觉，并带领学生放松。

摆腿练习

所需器材　　**难度提示** ★★★

练习方法

1. 需要在有支撑物的场地进行此练习：一面墙、双杠或者单杠；
2. 将学生平均分成四组，每组8~10人；
3. 准备动作：学生侧对支撑物，用内侧手扶住支撑物，使自己的身体保持直立，重心微微前倾；
4. 活动开始：以左腿为例。

   ①用膝关节带动大腿抬至水平位置（大小腿折叠，勾起脚尖）；

   ②大腿向下的同时小腿向前摆动，用前脚掌扒地。

   ①、②动作连贯完成即一次完整的摆腿练习。

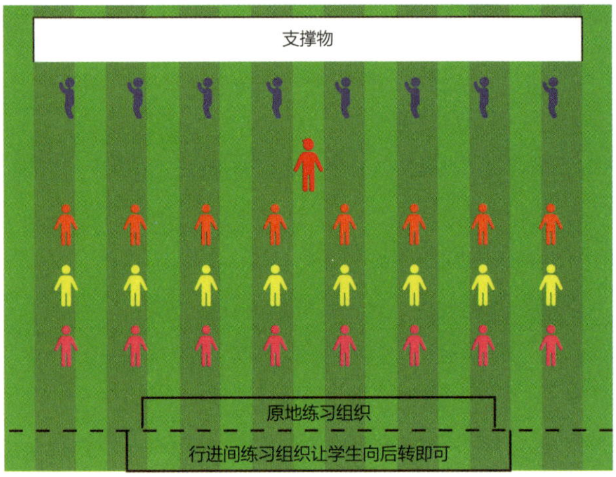

练习动作图示：以左腿为例

执行要素

活动要求

1. 学生在活动中身体要始终要保持直立姿态；
2. 练习腿的大腿要抬平，并用膝关节带动腿运动；
3. 每条腿做25次，左右腿各完成25次为一组，每名同学做5组；
4. 原地练习完成后，教师带领学生做30米直线行进间练习3组。

执行提示

1. 教师先带领学生做①、②动作的分解练习，待学生模仿熟练后再开始原地摆腿练习；
2. 练习过程中引导学生尽量将大腿抬高，并注意膝关节的带动作用；
3. 学生动作熟练后，让学生注意提高自己的摆腿速度；
4. 行进间的摆腿练习可以让学生叉腰做，以便将注意力集中在腿部。

仰卧练习

所需器材：垫子

难度提示：★★★

练习方法

❶ 矩形场地，每排8~10块垫子，共码放4排；

❷ 将学生分为四组，每组8~10人，每名学生对应一块垫子；

❸ 学生平躺在垫子上，双手放在体侧，听教师要求和口令开始做摆腿动作。

练习动作图示：以右腿为例

执行要素

活动要求

1. 摆腿动作要领与站立摆腿练习一致，仰卧练习时注意下落要轻，不要用脚跟砸地；
2. 每条腿做20次，左右腿各完成20次为一组，每名同学做3组，两条腿交替练习，左右腿各完成20次为一组，每名同学做2组。

执行提示

1. 教师先示范并带领学生做分解练习，待学生模仿熟练后再开始仰卧摆腿练习；
2. 练习过程中要注意引导学生膝关节的带动作用；
3. 学生动作熟练后，让学生注意提高自己的摆腿速度。

高抬腿跑

所需器材　　难度提示 ★★★

练习方法

❶ 矩形场地，设立起点线和终点线，两线之间相距30米；

❷ 将学生分为四组，每组8~10人；

❸ 教师口令开始，学生4人一组，从起点线高抬腿跑至终点线。

练习动作图示：

执行要素

活动要求

1. 在高抬腿跑的过程中，大腿尽量抬高；
2. 支撑脚的脚跟不落地；
3. 在30米的距离内，每名学生要保持高幅度和高频率的抬腿前行，并完成5组。

执行提示

1. 教师先示范并带领学生做原地高抬腿跑；
2. 行进间练习中，教师口令调节练习者的前后安全距离；
3. 要求学生练习结束后，排队从练习通道的两侧走回；
4. 教师可以让学生数步数来引导学生。

三单元

UNIT 3

校内跑步活动实施

跑步激励包的设计与发放方法

激励——使孩子渴望运动

对老师的基本要求

① 为出席、参与个人和团队的努力及进步予以赞赏。不要给予价格过高的奖品，相反，应重点关注达成目标、满足要求时的内在价值，如自信、喜悦和成就感。持续不断的正面强化就是强大的动力。

② 去除负面激励：绝不将让学生做额外的练习或不让学生参与作为惩罚（比如，不让孩子参与自由活动），相反，要表扬参加身体活动的学生，并对他们进行奖励。

③ 不要取消超重或缺乏灵敏度、协调性的孩子参与运动的机会，这会打击他们的积极性。应为他们的进步和成就喝彩，营造让所有学生钦佩自己和他人表现的文化氛围。

最佳实践

① 使用一系列的奖赏、激励办法，包括口头表扬、徽章、绩点、学分、挑战奖牌和额外游戏时间等。

② 制定奖励和鼓励机制，也可以积极引导他们在合适的时机开展专项身体活动。

“蜗牛快跑”马拉松计划

跑步记录表

“蜗牛快跑”马拉松计划（跑步记录表）

世界卫生组织和许多其他组织建议孩子每天进行60分钟中高强度的身体活动。这60分钟可以在一天中分几个时间段进行。所以学校不但应该有体育课程实践，鼓励孩子们进行身体活动，也应该鼓励、教育父母和监护人在家中开展体育游戏，引导孩子参与日常身体活动。

“蜗牛快跑”马拉松计划将目标分解成容易做到的、渐进式的阶段性目标，确保孩子能够得到持续的反馈。此计划在孩子、教师、父母之间要建立统一的行为标准，让父母监督形成良好的家庭氛围。鼓励孩子经常与父母分享参与身体活动带来的好处，将他们转化成最有影响力的倡导者和支持者。最终达成“校外”进步，增强孩子整体的身体活动效益。

“蜗牛快跑”马拉松计划

跑步记录表

/ 米 家长签名	/ 米 家长签名	/ 米 家长签名	/ 米 家长签名	/ 米 家长签名
/ 米 家长签名	/ 米 家长签名	/ 米 家长签名	/ 米 家长签名	/ 米 家长签名
/ 米 家长签名	/ 米 家长签名	/ 米 家长签名	/ 米 家长签名	/ 米 家长签名
/ 米 家长签名	/ 米 家长签名	/ 米 家长签名	/ 米 家长签名	/ 米 家长签名
/ 米 家长签名	/ 米 家长签名	/ 米 家长签名	/ 米 家长签名	/ 米 家长签名
/ 米 家长签名	/ 米 家长签名	/ 米 家长签名	/ 米 家长签名	/ 米 家长签名
/ 米 家长签名	/ 米 家长签名	/ 米 家长签名	/ 米 家长签名	/ 米 家长签名
/ 米 家长签名	/ 米 家长签名	/ 米 家长签名	/ 米 家长签名	/ 米 家长签名

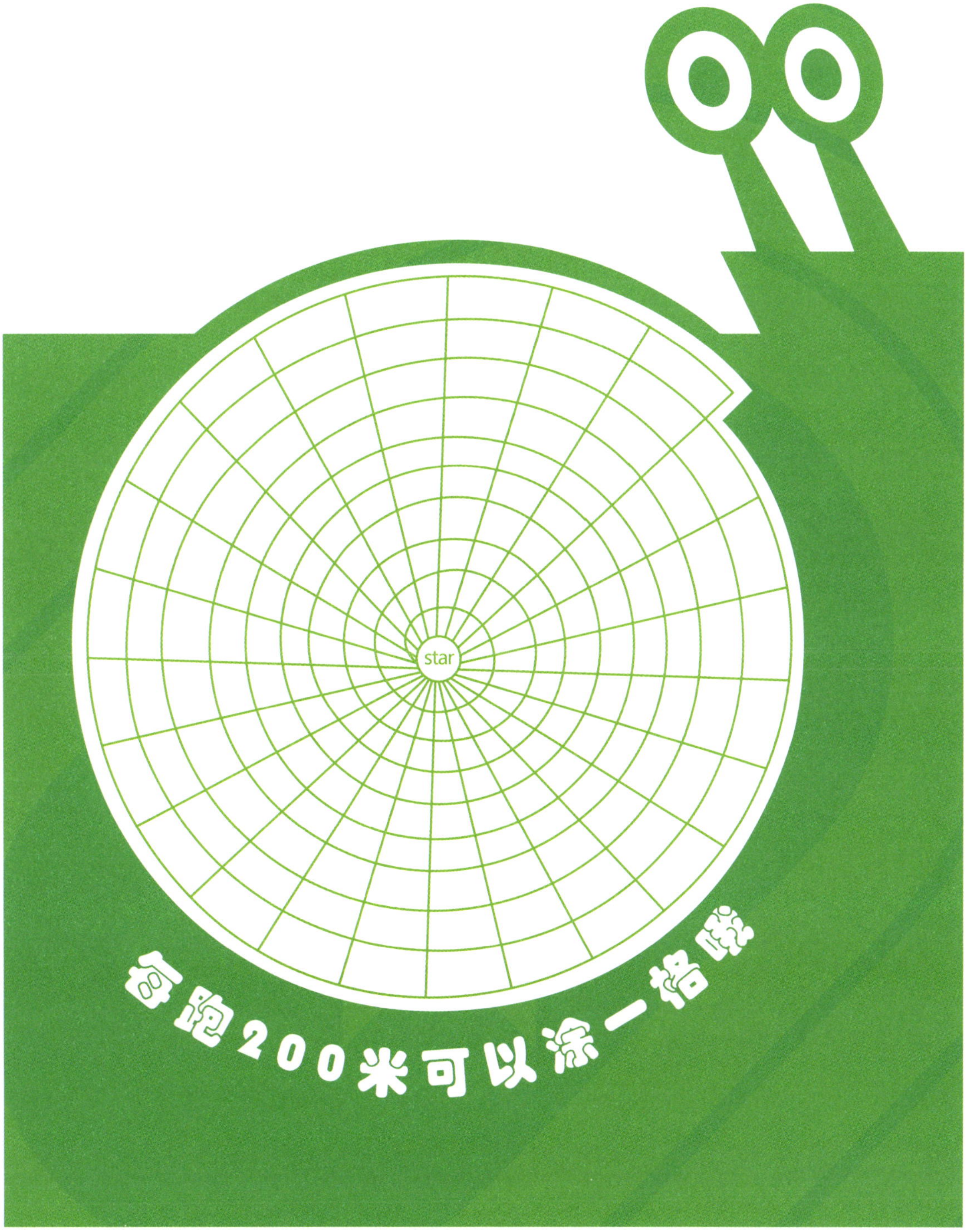
star
每跑200米可以涂一格哦

star
每跑200米可以涂一格哦

小小马拉松

——跑步激励包奖励方法

通过校内及校外跑步课程的学习，采用积累学生跑步米数，同等米数换取不同纪念意义的徽章，以求不断激发学生跑步的兴趣，从而让学生们真正喜欢上跑步运动。奖励方法分为两点。

常规分

在常规分中，考虑能让大部分孩子都能参与进来，又能在一定程度地拉开竞争差距，只要认真完成课堂任务，可以获得1000米的奖励成绩。

附加分

在附加分中，考虑拉开学生之间的合理性竞争差距，将其分为三种奖励形式。

① 竞赛分。在跑步游戏比赛中，获胜的小组每人可以奖励100米。

② 阶段分。每当学生提升一个徽章水平，自动奖励100米。

③ 自由分。学生参加校外各类跑步活动，申报属实，奖励100米。

备注：

1. 徽章上标明了公里数，学生累计的跑步公里数，与徽章上相对应进行发放。
2. 在遇到各种比较重大事件时，教师可以考虑给予特殊奖励。
3. 激励包的使用在于鼓励学生爱上运动，所以教师的鼓励和同伴的鼓励也极为重要。

四单元

UNIT 4

活力校园 · 跑步

“挑战日”方案规划

活力校园·跑步
低年级组挑战日

挑战日

活动形式： 轮转式游戏挑战日

趣味节模式即将现有可利用的场地编排成不同的游戏区域，再将所有学生分为红绿两队，每队分成对等的几个小组（小组数量根据游戏区域和总人数而定），最终活动形式由“同时间内，红队中的每个小组顺时针进行各区域游戏，绿队中的每个小组逆时针进行各区域游戏”而形成。

人员分组示例

组别	**小学	**小学	**小学	**小学	**小学	**小学
红队	红1组	红2组	红3组	红4组	红5组	红6组
绿队	绿1组	绿2组	绿3组	绿4组	绿5组	绿6组

场地划分示意图

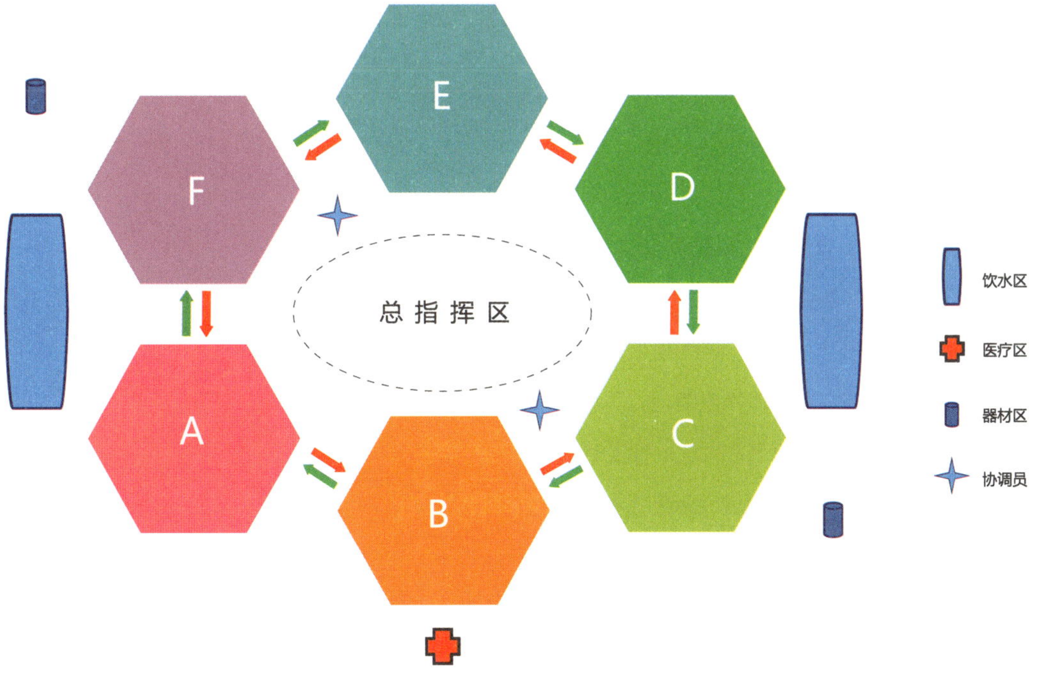

活动方法

1. 将学生分为红绿两队（如上示意图），两队男女比例一致；
2. 活动参与时，红队6个小组按照A站至F站顺序进行顺时针轮转，绿队按照F站至A站顺序进行逆时针轮转，同一时间内每站均有两支队伍进行活动。
3. 每站活动结束，听到总指挥的两声哨音后，各队按照上述顺序进行轮转，由下站教师将前往上站接应学生，听到一声哨音后同时开始下一站的活动。

活动内容

各区域内的游戏内容可从手册内所设计的游戏中挑选，也可自定内容。游戏选取首先根据场地的范围、游戏的难易程度、游戏的形式尽可能不重复，如有了竞速类游戏，可再选择集体类游戏。

人员要求

活动总指挥：1 人　　协调员：1 人　　器材管理员（可兼任）：1 人

医务人员（可兼任）：1 人

活动指导员（等于活动站数量）：6 人

活动要求

1. 参加学生一律身着运动服装，穿运动胶鞋。禁止佩戴一切饰物，包括手表、眼镜等可能造成伤害事故的物品。
2. 活动区域只有工作人员及学生可以进入；
3. 每站活动执行8~12分钟，讲解示范2~3分钟，活动6~10分钟；
4. 执行教师在活动中要不断鼓励学生；
5. 执行教师要保证学生安全；
6. 各站教师如需帮助时，应挥舞双臂向协调员示意；
7. 各站比赛、游戏胜负不做最后排名；
8. 学生与教师统一时间补水（第二、四场结束），共补水三次；
9. 所有活动开始及结束由总指挥哨音控制；
10. 一站活动结束后，下一站的一名教师应前往上站接应轮转的学生；
11. 各站练习内容可根据学生的特点进行调整或降低、提升难度；
12. 活动结束后各站教师须将学生带回指定地点前集合；
13. 参赛单位多一个，则需新加一站的活动内容。

活力校园·跑步
全校挑战日

挑战日

活动形式：个人项目与集体项目结合

根据学生的运动能力分别设立了分年龄段的个人项目和集体项目，以班级为单位核算团体积分。此形式可达到人人参与的目的。

人员分组示例

组别	低年级组	中年级组	高年级组
年级	一、二年级	三、四年级	五、六年级

场地划分示意图

充分利用校园内较为平整的场地空间即可，由于各学校场地不同，所以图示是以一块标准田径场地设计为例。

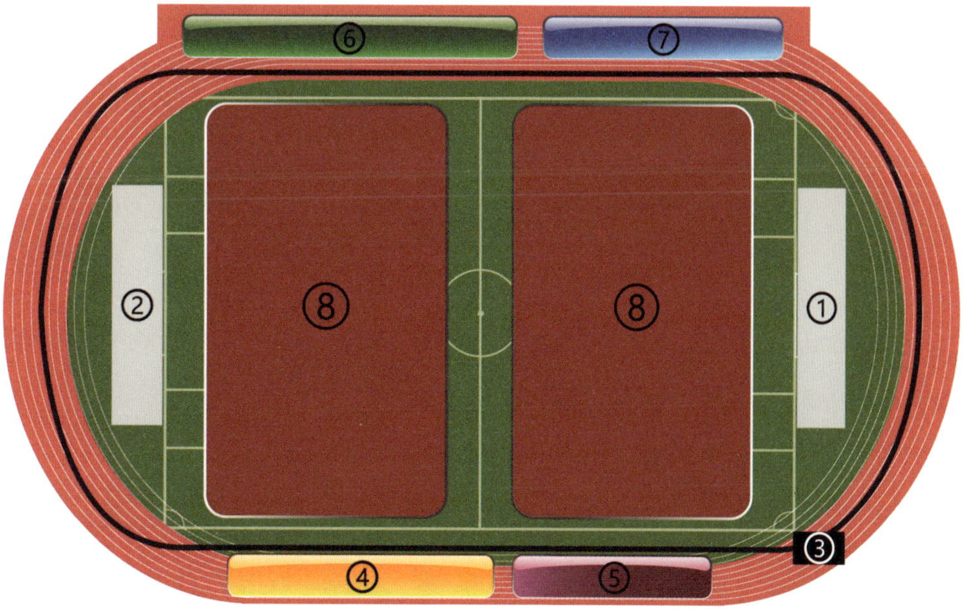

① 跳跳侠　② 闯关英雄　③ 铁人赛　④ 托球接力赛
⑤ 两人三足赛　⑥ 迎面接力赛　⑦ 结网接力赛　⑧ 定向跑

活动内容

个人项目每班限报4人（2男2女），集体项目每班20人（10男10女）。参报人数可根据各校实际情况进行调整。

组别	个人项目	集体项目
低年级组	跳跳侠	1.托球接力赛 2.两人三足接力赛
中年级组	闯关英雄	1.迎面接力赛 2.结网接力赛
高年级组	铁人赛	定向跑

活动方法和要求

跳跳侠

① **方法：** 1分钟的时间内，单人跳绳次数。跳绳过程中可以停顿，以1分钟结束时的次数为个人最后成绩。

② **要求：** 个数相同，停顿次数少者名次列前。

闯关英雄

① **方法：** 在50米的矩形赛道上设计钻、跳、跨越等动作的练习器材，学生听口令从起跑线出发计时开始，通过障碍区，过终点线计时结束。以用时计算个人最后成绩。

② **要求：** 障碍的设定要符合学生的能力，且有一定的挑战性。

铁人赛

① **方法：** 800米的距离，设计学生在跑步过程中需要完成的项目，学生出发计时开始，完成800米计时结束。以

用时计算个人最后成绩。例如，从起点出发，跑到200米距离时需要做10个蹲跳起，跑到400米距离时需要完成5个沙包掷准，跑到600米距离时需要完成20个仰卧起坐，跑到700米距离时需要完成10个哑铃推举，最后完成 800米的跑动距离。

② **要求：** 800米过程中，设计的任务要符合学生的实际情况，为了竞赛的连贯性最好不要移动器材。每个任务区要设置裁判。

托球接力赛

① **方法：** 设置两条标志线，两线之间相距30米。班级参赛队员分为A、B两队，分别成纵队站于标志线后准备。裁判发令，A队排头站立式起跑且必须单手持球拍后端把手处，将球置于球拍上，托球向前跑，与B队排头接力，以此接力的形式进行比赛，最后以班级参赛队员总体用时计算成绩。

② **要求：** 比赛时，持球拍的手不得超出把手，不得用手夹球；队员行进中，只允许用单手持拍托球，不得用另一只手做任何辅助持球动作；若途中球落地，需捡起球置于球拍上，并退至掉球处再继续。捡球时不得影响其他选手比赛；人和球必须同时过标志线，不可用球拍将球抛过线。

两人三足接力赛

① **方法：** 设置两条标志线，两线之间相距30米。班级参赛队员分A、B两队，每队两人为一组将腿捆绑在一起站于标志线后准备。裁判发令，A队第一组队员站立式出发以三条腿向前跑进，与B队第一组进行接力，以此接力形式进行比赛，最后以班级参赛队员总体用时计算成绩。

② **要求：** 将两人的相邻腿绑住，绳子必须绑在小腿上，位置不能高于膝盖，也不能低于脚踝，若中途松开，应系好再前进；必须在标志线后把脚绑好，不准抢跑；中途若有人摔倒，应立即停下来，等重新准备好后再跑，或者自动放弃比赛。

迎面接力赛

① **方法：** 设置两条标志线，两线之间相距50米。班级参赛队员分A、B两队。分别成纵队站于标志线后准备。裁判发令，A队的第一名学生手持接力棒向B队跑去，跑到标志线处，将接力棒交给B队的第一名学生。以此接力形式进行比赛，最后以班级参赛队员总体用时计算成绩。

② **要求：**比赛中及比赛结束的运动员皆不得影响、干扰其他班级的比赛；比赛过程中发生掉棒，则必须由交棒者捡起接力棒交给下一位运动员；交接棒时不得将接力棒抛给本方队员。

结网接力赛

① **方法：**设置两条标志线，两线之间相距30米。班级参赛队员分A、B两队。比赛开始前，A队在标志线后手拉手围成一个圆，圆内放一个球。B队在标志线后围成一个圆，所有学生在圆心位置手与手相搭。裁判发令，A队将球运向B队标志线后，并由一人将球放在B队学生已经搭好手的位置，B队再将球运回A队标志线后，以此接力形式进行比赛，最后以班级参赛队员总体用时计算成绩。

② **要求：**A队结网运球过程中手不能松开，若不慎将球踢离队伍，要停止前进，由一人用脚将球捡回再继续；B队在行进中相互搭在一起的手不能松开，若球不慎掉落，要停止前进，由一人将球捡回调整好后再出发；中途若有人摔倒，应立即停下来，等重新准备好后再跑，或者自动放弃比赛。

定向跑

① **方法：**矩形场地内设立26根标志杆，每根标志杆拴一种颜色的彩笔代表一个字母。每支参赛队中每两个人一组，将相临的腿绑在一起。每支参赛队发一张场地布置图和一张任务卡。裁判发令，计时开始。各参赛队的第一组手持任务卡出发，将卡片的第一个字用汉语拼音标注好后与本队的第二组进行接力，第二组去完成标注任务卡第二个字的拼音，以此方式接力进行。参赛队所有小组成员完成拼音标注后，本队所有人站成一排，将相临的腿绑在一起，侧向跑道方向走至终点线。

② **要求：**赛前统一发任务卡，各参赛队任务卡上的中文个数，以及所需的拼音个数应该相同；彩笔要在固定位置使用，不能带离；若绑在一起的腿松开，要停止运动，绑牢后再继续；整队最后一人过终点线后提交任务卡，若拼音有误，由本队一人返回场地去做修改。

计分办法

① **个人项目：** 分男女生，第一名9分，第二名7分，第三名6分，第四名5分，第五名4分，第六名3分，其余不给分，不满6名按最高名次递减计入班级总分。

② **集体项目：** 集体项目按照单人项目2倍分值计入班级总分。

③ **团体总分：** 以班级为单位计算单人项目总分与集体项目总分之和。

计分工具表

个人项目计分表（本表可根据参赛人数进行扩充）。

男/女生（xx）项目					
班级、姓名		成 绩	得 分	备 注	班级积分
一（1）	1				
	2				
一（2）	1				
	2				

集体项目计分（本表可根据班级数进行扩充）。

（xx）项目				
班级		成 绩	备 注	班级积分
一年级	1班			
	2班			
二年级	1班			
	2班			

团体总分表（本表可根据班级数进行扩充）。

(xx) 项目				
班级		个人项目积分	集体项目积分	团体总分
一年级	1班			
	2班			
二年级	1班			
	2班			

五单元

UNIT 5

跑步小知识

古人眼中有多少种“跑”？

现代“跑步”一词意义是指运动，但是古人却不太用“跑”这个字。今天我们说的“走”是“走路”，在古代“走”却是“跑步”的意思。俗语、熟语或者成语里，即所谓的固定语里的“走”几乎都表示“跑”的意思，如走西口、奔走相告、走水、败走麦城、疾走、飞檐走壁……我们所能想到的“走”全都是“跑”。

从古文字中可以看出，“走”就是一个人在“跑”的样子。看！他的两只手前后摆动，行进的步幅很大；他的腿部很有力量，总是腾空而起，在路上留下了脚印。

知道“走”的本义，我们就可以理解更多的词语，如“逃走”，想想看，有哪个好不容易逃出来的人会慢吞吞地“走”？成语“飞檐走壁”说的不是在墙头慢慢走，而是像武林高手那般在墙头屋顶飞快而过。“不胫而走”说的是没有腿却能跑，比喻事物无须推行，就已迅速地传播开去。

很多字中都有表示跑步的“走”，比如，让人跑去取的一定是有“趣”的事物。挺胸抬头、有力量、有精气神地奔跑，就是雄赳赳气昂昂的“赳”。

除了“走”之外，还有一些字也可以用来表示飞快地运动这一动作。

奔跑的“奔”的下半部分是花卉的“卉”，从古文字就可以看出，下面是人的三个足印，可想而知，你得跑得多快，才能飞速地在地上留下那么多脚印。古人就用这生动的画面，从侧面表现“奔”的速度之快。奔跑、奔驰等字中的“奔”都表示此意。成语“奔走相告”里，既有“奔”，又有“走”，说的是当有重大的消息时，人们奔跑着相互转告的样子。

除了“奔”“走”，还有“趋”字。“趋”字中的这个“刍”是用手去抓细小的草的样子。由此引申表示细小。“趋”就是小步、碎步地快走、快跑。在很多成语中，我们还能看出“趋”的快速。比如，“趋之若鹜”，说的是大家像野鸭那般成群地去往某处，可以比喻很多人争相趋附、前往。还有“趋炎附势”，说的是奔走于权贵、依附有权势的人。

还有步行的“步”字也有着自己的速度。“步”的古文字上面是一只左脚，下面是一只右脚，表示左右交替向前行走。这就如同竞走运动，竞走讲究的是双脚不能同时离地腾空，必须一步一个脚印地前进。可见，虽然“步”的速度最慢，但其耐力却是相当不错。

古文中快跑，大多用的形容词是“走及奔马”“马驰不及”“跳走如飞”“足追四马”，或者是“日走二百里”“日行三百里”等，都是比较模糊的描述。比如，隋代有一个叫麦铁杖的人，以渔猎为生，能“日行五百里”，后来他在杨素的军中充任一名小校，专事刺探敌情。有一次，杨素从前线策马回京，麦铁杖作为随员疾步紧随，从未被落下过，使得杨素赞叹不已。

文字中谁跑得更快？

表示“速度快”这个概念的字词有很多，它们各自都“快”在何处呢？

篆　　　　楷

“快”由“忄”和“夬（guài）”组成。“忄”由“心”演变而来，说明“快”字原本是一种“心情”。“夬”是一个打开的缺口，因此“夬”表示“开”，加上“心”，“快”的本义就是“开心”，如快乐、快活。“快”也可以引申表示“舒畅、直爽”，如爽快、大快人心、快人快语。心情畅快了，行动会显得更麻利，事情会办得更顺利，所以“快”后来才有了“迅速、敏捷”的意思，如快速、赶快、飞快。

金　　　　篆　　　　楷

“迅”由“卂（xùn）”和“辶”组成。“卂”的古文字像鸟飞起来的样子，“辶”表示“行路”，所以“迅”就是“飞跑”的意思。“迅速、迅捷、迅猛”中的“迅”都是“快”的意思。

甲　　金　　篆　　楷

“速”由“束”和“辶”组成，“束”表音，“辶”表意，“速”是指“快”，如飞速、神速、速记、速写、速效。做事性急求快反而不能达到目的就叫“欲速则不达”。除此以外，“速”还可以表示“速度”的意思，如慢速、风速、车速，这些“速”就可快可慢了。“速”在古代还可以表示“邀请”的意思，如“不速之客”是指不请自来的客人。

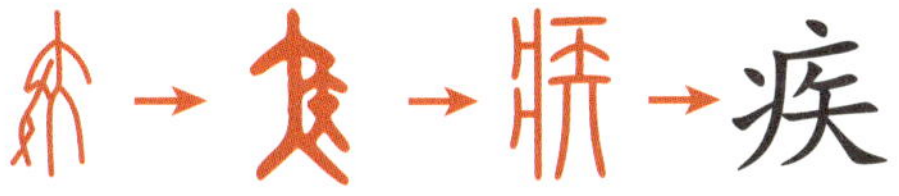

甲　　金　　篆　　楷

甲骨文“疾”像人腋下中箭的样子。所以“疾”有两个意思：一是伤病（人中箭），如疾病、顽疾；二是快速（箭很快），如疾风、迅疾。古人把精神昂扬地挥笔快速书写叫作“奋笔疾书”。

金　　　　篆　　　　楷

“捷”原本写作“疌”。“疌”在古文字中像手脚并用栽种庄稼或拔草的样子。手脚协调，动作麻利就叫“疌”。后来“疌”专门用作偏旁，加上“扌”写成“捷”字。“敏捷、迅捷、快捷”中的“捷”都有“快”的意思。“捷足先登”比喻行动快的人先达

篆　　楷

“急”和“快”一样，本身也是一种心理活动。“急”的古文字由“及”和“心”组成。“及”是一只手伸出来抓一个人的样子。在追逐过程中的心理状态就是“急”。心里“急”就会动作“快”，所以“急”还可以表示“迅速，又快又猛”，如急流、急风暴雨。

奔跑的古人

在远古时代，人类跑步是为了躲避掠食动物的追捕和进行狩猎。在我国古籍中就有跑步的相关记载，如“夸父逐日”的神话、文学名著《水浒传》中日行800里的神行太保戴宗等。

“夸父逐日”是古代人民颂扬长跑英雄的神话。《山海经》《列子》《淮南子》上都记载了这个神话。

夸父的部落住在北方，他们感到太阳走得太快了，没有给他们留下足够的温暖，便派了一个叫夸父的善于长跑的小伙子，到天上去逮太阳，让太阳永远留在空中。

夸父跟着太阳跑，从早上跑到傍晚，才在嵎谷追上了太阳。

由于一天的长跑，他感到口干舌燥，便到渭河里去喝水，把渭河水喝光了，又喝干了黄河里的水。他想走回北方的大泽去喝水，走到半路便疲劳而死。他的毛发变成了草木，膏血化作了河流，手杖变成了桃林。夸父逐日的神话虽然是人类征服自然的一种幻想，但人类长跑能力在征服自然过程中的作用，却给人类的想象提供了基础，也借这个神话反映了上古人类对长跑英雄的纪念。

南北朝时期的北魏，曾出过一位短跑名将，叫杨大眼。据《北史•杨大眼传》（卷三十七）记载，其“少骁捷，跳走如飞”。到底能快到什么地步？当时尚书李冲选派征战将官，杨大眼主动应战。李冲未答应，杨大眼急了，便拿出当家本领给李冲秀一下。

杨大眼用三丈长的绳子，系在马头上，与马赛跑。结果“绳直如矢，马驰不及”，把现场观众都看呆了，李冲为之折服，称一千年才能出一位杨大眼这样的人才，遂认命他为出征主帅。像杨大眼这样，比马跑得还快的名将，在中国古代叫“先马走”。

史籍中对跑步相关的记载不胜枚举，根据记载可以将跑步速度分为不同的段位。

在古代中国人的心目中，马、鹿等动物是陆地上跑得最快的动物之一，因此，在古代形容人奔跑速度极快、超过常人时，就会用“走及奔马”“奔鹿”来形容。事实上，“走及奔马”正是对中国古代跑步运动的一种最好的概括。

例如：

史宏肇，字化元，郑州荥泽人也。父潘，本田家。宏肇少游侠无行，拳勇健步，日行二百里，走及奔马。梁末，每七户出一兵，宏肇在籍中，后隶本州开道都，选入禁军。

《新五代史•汉臣传第十八》

唐彬，字儒宗，鲁国邹人也。父台，太山太守。彬有经国大度，而不拘行检。少便弓马，好游猎，身长八尺，走及奔鹿，强力兼人。

《晋书•唐彬传》

跑步在古代日常生活中的应用——信息传递

古代的跑步运动在信息传递方面也发挥着重要作用。考古研究发现，早在汉朝，具有长跑素质的人就高速奔跑在马车前面，以便于及时打探消息和传递信息，也出现了大量有关历史上长跑健将“伍伯”的各种形象。其职务是在高级官吏的马车前做鸣声开道的工作，需要的基本技能是能跟上马车的速度。

宋代在邮递行业出现了“急脚递”，可以说这是疾跑人才从军事转向了城市商业文化。沈括的《梦溪笔谈》里说，宋朝的驿站传递有步递、马递和急脚递三种，步递和马递就是用步行和马跑来传递文件，而急脚递的速度则是相当快的，可以达到日行400里。金代，急脚递是一种长途负重接力跑，每10里至15里为一站，传递者都是健硕之人，背负文书、防身武器和雨具，而且腰悬响铃。这些担任急脚递的传递者都是来自军中的善跑能手，可以说是最早的职业长跑家了。他们所采用的长跑接力方法，既免于疲劳过度，又保证了传递的迅捷，对后世我国一些群众性的体育活动产生了深刻的影响。

宋朝时，官方消息及社会、文化、经济事件、奇闻逸事等往往被编入小报并由善于长跑者传送到全国各地。宋代绍兴年间，为了有效传递信息，地方官通常会招募具有长跑天赋的人，进行严格的专门选拔，组成“摆铺”，具体负责传送“边报”“朝报”和“新闻”等书报资料。选拔出来的长跑健将，往往依靠个人的一双百炼成钢的铁腿，随身携带重要文秘资料跨越无数城市、乡村、森林、湖泊，跋涉于山水之间以到达指定传递地点，成为名副其实的新闻使者。与此同时，长跑运动者还承担着为各地乡村居民传递思乡之情的跑信伕头的重要作用。比如，明朝永乐年间，湖广迁四川的移民，由于思乡心切而相约每年推选若干代表返乡探亲，递送书信衣物，随附土特产品。随着时间流逝，被推选出来的代表就逐渐成为职业信使。

到清朝咸丰二年(1852年)，人们创立了“麻乡约大帮信轿行”，麻乡约主要业务有客运、货运、递信和汇兑，客运部叫麻乡约轿行，货运部叫麻乡约货运行，递信部名麻乡约民信局。麻乡约民信局的信件分正站和快站两种。正站类似今天的平信，民信局承诺几天到达；快站即快信，费用面议，约期到达。快站信中又以火烧信和幺帮信最有特色。火烧信是烧去信封的一角，向跑信伕头表示：特别注意，加急快递，火速送到。麻乡约民信局具体负责来往书信的专门投递，而要胜任跑信伕头的角色，长跑能力就是其必备的基本素质之一。麻乡约的信件在传递时要求及时准确、诚实守信，这种投递书信的方式如同一场长跑接力赛，需要足够的具有优良跑步素质的人员方才可以胜任。由于麻乡约注重对跑信伕头的严格挑选和细致管理，其逐渐赢得了较高的民间口碑。及至后期，光绪末年四川设立邮政局时，也是以麻乡约的传递邮路作为主要参考的，而麻乡约的一些极具奔跑能力的跑信伕头亦被清政府招入邮局，成为第一批具有现代意义的邮递员，具有优良的跑步素质成为他们身份转换的重要筹码。

跑步在古代军事训练中的应用

中国古代的跑步运动往往与军事活动密切地联系在一起，成为军营生活的重要内容。其中士兵的奔跑能力的强弱成为战斗力强弱的一个重要方面。冷兵器时代大规模的兵团作战，主要倚仗具有优良跑步素质的士卒。从春秋战国时期一直到明代，为了提高军队的作战素质和作战能力，军队在征募士兵时，体质强壮、具有跑步能力通常是优先考虑的重要标准。由于跑步是军中作战的重要技能，所以我国古代史籍中对于富有能力的战将和士卒，通常都冠之以“走及奔马”“马驰不及”的荣誉称谓。

《荀子•议兵》记载：“魏之武卒，以度取之，衣三属之甲，操十二石之弩，负服矢五十个，置戈其上，冠(革由)带剑，赢三日之粮，日中而趋百里，中试则复其户，利其田宅。”古代中国时期，魏国从士兵中选拔武勇之卒的方法就是如此。

选拔时要被甲载盔，拿着十二石的强弩，背着五十支箭和长戈，腰挂利剑，带着三天的干粮，自天明到中午，长跑百里者才能当选，当选者免除赋税。战国时的百里约合现在的35千米。全副武装的武卒每小时跑6~7千米，从负重跑角度来说，这个速度很可观。

古代还盛行长跑训练。《墨子•非攻》篇中记载：“古者，吴阖闾教七年，奉甲执兵奔三百里而舍焉。”训练七年之后，能够手执兵器，全副武装地长跑三百里后再宿营，这个距离相当于现在的105千米。从吴国的阖闾在位时间(公元前514年至公元前496年)上看，阖闾的长跑训练要比希腊的菲迪皮茨自马拉松跑到雅典(公元前490年)要早，而且跑的距离相当于菲迪皮茨所跑的两倍半。

秦汉以后，步兵虽仍是军队作战的主要兵种，但大兵团步兵战斗已很少见，而步骑的混合兵种作战逐渐增多。长途追击由骑兵担任，步兵主要是短距离的突击，所以在跑动的训练上就偏重于短跑训练了。反映在军事训练上，就是跑步逐渐偏重于短跑训练，而非以往的长跑训练。对此，唐代兵书《太白阴经》“探报记期，使疾足之士”，《宋史•兵志》上规定，招募新兵时要“先度人材，次阅走跳跃”，都是关于短跑能力要求的记载。也就是说，跑步能力在侦察敌情、传递情报、实际作战中的作用非常大。《宋史•岳飞传》中记载，岳飞非常重视军队的跑步能力训练，“每休舍，课将士注坡跳壕，皆重铠习之”，其中“注坡”指的就是上下坡跑，也就是短跑训练。为了锻炼腿部力量，平时训练时，穿上双重铠甲，增加身上重量，练习跑坡和跳壕，到了上阵打仗时丢掉一层铠甲，就能跑得快，跳得远。明代著名抗倭将领戚继光，曾在他的兵书著作《纪效新书》中说：“平时各兵须学趋跑，一气跑得一里，不气喘才好。”为此，他还提出了自己独特的腿部力量训练和短跑能力训练方法，即“古人囊砂，渐渐加之，临敌去砂，自然轻便，是练足之力”。也就是将小沙包缚在小腿之上，在跑步过程中逐渐增加沙包重量和拉长跑步距离，等到实际作战时将小沙包去掉，这样跑起来就特别轻快，达到了增强短跑能力的作用，大大提高了部队的作战能力。由创造负重训练法可以知道，我国古代重视跑步训练，并积累了极为丰富的训练经验。

教研员反馈

使用感想（一）

“活力校园”是一项耐克与中国教育部长期战略合作的项目，致力于在学校培育运动文化及开展体育教育创新，激发学校和体育教师的积极性和创造性，更有效地开展校园体育。

普陀区从2016年的四所“活力校园”试点学校发展到2017年的二十四所“活力校园”试点学校，通过送教上门、教师培训、教材开发等方式，推动了整个区域学校体育的开展。从最初试点时的足球课程到现在的跑步课程、亲子活动、篮球课程和花样跳绳。由于课程的推进，为普陀小学体育教师拓宽了教学思路、更新了教学理念等，同时也丰富了体育课堂教学，让孩子们身心投入地动起来。

特别值得一提的是，学生通过跑步课程，在课堂上学习跑步的正确姿势、动作技术，通过各种跑步游戏体验快乐！作为活力校园跑步课程的延伸，普陀区各试点校还组织学生参与面向青少年的上马Speed X系列赛 • 耐克少儿跑及上海国际马拉松赛健康亲子跑活动，普陀的小跑者们每次都顽强拼搏、相互鼓励，安全顺利地跑完全程。

上海市普陀区教育学院小学体育教研员——陶霞

使用感想（二）

上海市学校体育课程改革正处在改革的攻坚阶段和发展的关键时期，上海市教委提出了“小学体育兴趣化、初中体育多样化、高中体育专项化”的体育课程改革要求。“活力校园”项目以实际行动助力于体育课程改革，我们的老师和孩子是最大的受益者，每一次培训能带给体育老师更宽阔的眼界，将理论和实践有效融合，以“知”导“行”，通过浸润式的体验，激发了教师的积极性和创造性。“活力校园”以“知行合一”的培训模式，帮助教师从“想到”到“做到”，从而化“指导者”为“参与者”，变“倾听者”为“实践者”，让每个孩子玩在其中、学在其中，为我们的体育课堂注入了新的元素，带来了一定的变化，让孩子们在活动中动起来、乐开怀。

“活力校园跑步教材”让孩子们在游戏化、趣味化的学习环境中掌握了跑步的正确姿势、动作技术，在参与各种跑步游戏中体验了成功的喜悦，充分调动孩子们的积极性，增强趣味性。特别是每达成一定的公里数将设有特别的奖励，积累到一个全马公里数时，孩子们将获得大奖，孩子们在课堂中不断挑战自我，克服困难，积累跑步里程，换取跑步里程章。“活力校园跑步教材”更多的是演绎“用跑步”为孩子们带来积极改变的体育精神。

上海市杨浦区教师进修学院小学体育教研员——施利娟

使用感想（三）

本学期，活力校园开发的耐克跑步课程进入我区的校园。跑步的课程设计，对小学学段的学生有较强的针对性，能充分结合趣味性和专业性，具体包括广泛参与、适龄、强度适当、好玩、激励的机制、及时给出反馈、训练有素的教练这七个要素。

在“活力校园”跑步课程中，充分调动孩子们的积极性，增强趣味性，每达成一定的公里数将设有特别的奖励，积累到一个全马公里数时，孩子们将获得大奖。跑步教材实践整体设计合理，游戏方法新颖，游戏名称有创意，游戏内容符合教材主题，运动量适宜，学生实践下来兴趣浓厚，都能积极主动参与活动中。在难度与变量环节中也有更好的活动方法建议，变量内容在原来游戏方法上得以升华，学生非常感兴趣。通过整体课程实践，充分体现了课时设计从学生兴趣出发，发展全体学生，让学生学会锻炼方法，提高身体活动能力，课程设计中还注重学生的安全教育、规则要求和责任意识的培养，还强调培养学生的体育精神，合作意识和团队精神。

“活力校园”跑步课程成了孩子们校内体育课的一部分，每周一次，由“活力校园”教练入校，与学校体育老师一同授课。希望能将教学时间调整到每课时35分钟，四课时的内容调整到六课时左右并可以提高每课的运动量。

上海市静安区教育学院小学体育教研员——洪晔

致　谢

本书由钟秉枢主编，同时感谢白婧、柴舜尧、陈杨明、程科、付雅娜、郭丽红、贺丽霞、李丹阳、李良东、李振兴、李萍萍、刘青云、马克、毛辰玮、施京、石岩、陶霞、江朋、王蓓蓓、王亚丽、王允娜、杨婕、于海泽、于冉、张荣晋、张瑞、赵佳尧、朱健、朱敬文等为本套教学用书编写工作付出的不懈努力。

在本书编写过程中，我们还得到了来自上海、北京、大连、广州、河南、浙江多地体育教育战线同志们的大力支持，特此感谢车纯、陈浩坚、陈七明、崔兵、范向阳、付英杰、何思帆、洪晔、汲海、刘国成、马恩福、马宏、马红梅、任海江、施利娟、索玉华、孙海成、陶瑾、王岩洪、吴新华、谢利、姚正等教师为我们提出的建议与帮助。

小学跑步教学（下册）

钟秉枢　主编

人民体育出版社

本书编写组

总　策　划

耐克体育公益部

主　　　编

钟秉枢

前言

Preface

活跃的孩子更出色

运动让孩子们更健康、更快乐、更成功

跑步是人类最基本的运动方式之一。千百年来，人类奔跑着追逐猎物、奔跑着逃避攻击、奔跑着探求最快与最远的极限。跑步作为一项运动在人类近现代社会中广受青睐，从人声鼎沸的竞技赛场，到或泥泞或乱石密布的山野，再到夜晚静谧的都市街巷，跑步运动的参与者、爱好者和受益者越来越多，大家通过跑步收获身心健康，拥有更高质量的生命。然而，在许多青少年心目中，跑步并不是一个“好玩”的运动项目，甚至是枯燥的、令人疲惫的，在校园中爱上跑步的学生数量有限。改变这样的局面取决于我们是否能够在校园中，开创全新的跑步运动轨迹。唯有激发学生对跑步运动的兴趣，并将这种兴趣培养融于学校的体育教学中，才可能最有效地从基层推动学生跑步运动的发展。

耐克体育公益部长期致力于为青少年提供积极的运动体验与倡导良好运动习惯的养成，继2014年开发《小学足球教学》教学资源后，“活力校园”项目组通过在上海跑步进课堂、进校园的实践，不断积累更适合于小学的跑步课堂的教学内容及活动形式，以激发学生对跑步运动的热情为出发点连接“教”“学”两端，为一线教师日常工作量身定做了《小学跑步教学》（上下册）教学资源。

本套教材的编写思想遵循“要树立健康第一的教育理念，开齐开足体育课，帮助学生在体育锻炼中享受乐趣、增强体质、健全人格、锤炼意志”和“五育并举”的教育现代化理念，实操内容是在多年教学实践中形成的。自2016年开始，耐克体育公益部和上海一线体育教育工作者在上海市教育委员会的支持下，以跑步公益项目为基础进行了两年多的实践积累，共计覆盖41所学校、217个班级；该项目于2018年初在北京部分学校也陆续开展起来。《小学跑步教学》延续了《小学足球教学》模块化实操教案的设计思路，同时创新性地为教师们提供了更多可自主选择与搭配的跑步游戏，以及在校内开展以“挑战日”为主题的跑步活动实施方案。同时，本套教材也鼓励教师、教练们在教学过程中，根据学生不同的身体素质、能力、性别、年龄，灵活使用，有针对性地从本套教材中选择合适的教学内容来构建完整的一节课或者一个教学单元。本套教材配有一些节选课堂实录视频，以便于大家直观地了解教学内容与活动实施。这些视频均来自上海部分试点学校的课堂，充分体现了不同教师对本套教材的理解与使用，形成自身的教学特点。

本套教材的一个重要理念是：为学生创造积极的运动体验，通过跑步，让学生爱上运动，为养成终身运动习惯打下基础。因此在编写过程中我们充分参考了国际上关于积极运动体验设计的体系。本套教材由一线体育教师、教研工作者及国内外学术专家共同编写，并由人民体育出版社出版发行。本套教材的出版离不开耐克体育公益部长久以来对国内青少年体育教育创新和发展的持续推动，以及对青少年跑步运动开展的实践，这也是对耐克倡导“MADE TO PLAY”的最好注解（详见https://www.nike.com/cn/made-to-play）。本套教材的开发得到了上海市教委的宝贵意见和大力支持，也特别感谢全国中小学体育教学指导委员会、中国教育发展基金会一直以来对“活力校园”项目的大力支持，感谢睿泽体育在项目策划实施、教学研发及后续培训工作中的统筹与推进。

作为国内第一套面向全国公开发行的小学跑步教学资源，我们希望《小学跑步教学》在符合国家全面推进素质教育的发展方向上更贴近一线体育教育工作者的使用习惯。在本套教材编写过程中，编写团队从来自全国各地的一线体育教师和教育工作者中搜集整理了很多反馈和建议，并对教学资源包进行了相应的修订。在此谨向所有参与编写和帮助过本书出版的教师们、同志们、朋友们表示由衷的感谢！

目录
CONTENTS

绪论

Introduction

理论依据

教材开发的主旨是在参与跑步运动的过程中，促进学生的体质健康；在参与跑步运动的过程中，让学生体验体育运动中的激情与曼妙，激发学生对体育运动的热爱，塑造学生的健康生活方式，使体育运动伴随学生一生的快乐成长。由对跑步活动的认知、伙伴互助关系、对自身跑步能力提高的过程逐步了解“跑步并不是一件枯燥的事情”。

我们将《小学跑步教学》的开发建立在心理学科的基础之上，以自我决定理论为主要的理论支撑，以便教材内容更能贴合学生的成长实际、贴近学生的生活、得到学生的认同。自我决定理论认为，学生的基本需求包括胜任感的需求、自主感的需求、归属感的需求。为了满足以上几点需求，本教材强调课程内容的适龄性和趣味性，帮助学生设立合适的目标，让学生有更多的机会体验成就感；强调对学生探究情景的设计，使学生能够提升自我意识和自我评价，获得高自尊；强调对学生合作平台的搭建，在共同参与的过程中，积极地对学生予以反馈与激励，使学生从教师和同伴那里获得更多的心理支持与心理能量。

跑步图

教材开发的
心理学基础——自我决定理论

《小学跑步教学》的使用者是体育教师，使用场景是体育课堂，因此教材设计应促进体育教师的有效教学。有效教学包括三个要素，即教学理念、教材目标、教学方法。为了实现有效教学，教师在执行时应调整相应教学理念，真正以学生为主体，尊重学生的主体性；《小学跑步教学》要具有适龄性、可行性，课堂目标要被学生知晓、理解，并能够有策略地执行；教学方法应围绕学生的身心发展规律，能够激发学生的参与动机和探究意识，促进学生知识、智力、情感、创造力、实践能力的发展，使学生获得知识学习能力、自主行为能力、人际互动能力，进而提升学生的核心素养。

设计标准

规划设计积极的早期活动体验，需要理解一些有助于开展高质量体育课程和身体活动的关键要素。这些要素可以确保每个学生都享受到积极有趣的活动体验，并且使他们更乐意参与身体活动，不会因为喜欢那些久坐不动的兴趣爱好而选择退出。

【广泛参与】

“让孩子们跑起来、跳起来、动起来，发挥出他们最大的潜能”是我们活动开发和设计的起点，也是本教材的目标所指。跑步运动对于学生而言，是参与门槛较低的项目，可消除学生对自我运动技能水平的顾虑甚至自卑。在编写教材的过程中，我们内心一直有一个声音——“让身体活动成为孩子日常生活的一部分。”我们的技能掌握目标是在此基础上以潜移默化的方式融入教学过程中，打消学生认为跑步“枯燥”“乏味”“没有意义”的刻板印象，将学生快乐的起点前置到参与的时间轴上，延长学生的快乐体验。

【适龄】

任何体育运动都应以科学为依据规划，即以每个年龄阶段的学生身体发育的特征、心理发展的特点为基础，充分彰显体育运动在每个年龄阶段的作用。学生参与适合自己年龄阶段的跑步运动，能够在“最近发展区”接受新的学习，在跑步运动中获得更多的胜任感、更多的积极期待，其发展会更有成果。故跑步资源包设计伊始，我们深入研究了不同年龄阶段学生身体、心理发育的特点，努力做到每个活动细节都能契合不同年龄阶段学生的特点。

【好玩】

兴趣是学生学习行为的起点，当学生对跑步运动做出“好玩”评价的时候，便建立了学生对这一项目的情景兴趣。情景兴趣来自即时的感受，可能源于跑步所带来的生理上的快乐感受，亦可能源于跑步所产生的心理上的愉悦体验。本教材的目标是塑造学生对跑步运动的终身喜爱，让跑步成为学生的个人兴趣。个人兴趣是长期的、持久的，个人兴趣来自不断累积的情景兴趣。因此，在本教材的撰写过程中，我们试图最大程度地在每个点上激发学生的情景兴趣，最终以点汇集成面，凝聚为学生对跑步的持久热爱。

【强度】

任何体育课程的设计都不应追求形式的华美，而应该关注学生是否得到了充分锻炼，即运动强度是否达标。在本教材撰写过程中，我们以兴趣为诱发点，吸引学生广泛参与，在此基础上，进一步结合跑步运动的特点，有机地将学生兴趣与跑步运动强度紧密地结合起来，真正做到“孩子笑了、孩子出汗了”，生理的积极反应会强化学生对体育运动的正确认知，进而从运动认知层面强化其对跑步运动的期待。

【反馈】

学生逐步成长、成熟的过程在于自我反思能力的形成，反思能力的初始阶段需要学生能够在“镜子”里看到自己，这面镜子就是“反馈”。学生参与跑步运动有三个反馈途径：教师对学生课堂表现客观而科学的评价、来自同伴的模仿和评价，以及在教师指导下形成的自我评价。因此在本教材撰写过程中，我们希望教师尽可能充分地建立体育教学中的多重反馈机制，促进学生反思意识的启蒙、反思能力的塑造以及反思习惯的养成。

【激励】

有效的激励会点燃学生的运动激情，有利于学生积极行为的正面强化，有利于学生秉承积极心理参与跑步运动，有利于师生之间建立起更为有效的关系模式。因此，本教材一直呼吁其使用者能够充分认识到有效激励的功能与价值，能够在教学实践中采用一系列的激励办法，使学生在短时期内体会到汗水带来的持续性回报。

【教师/教练/导师】

无论教体育、当教练还是创建身体活动的环境，体育锻炼都是一件需要认真对待的事情。要想做得好，就需要高水平的培训和持续的专业发展。本教材鼓励教师拥有多重身份，成为一名秉承创新理念的新型教师、一名促进学生运动技能提高的专业教练、一名启发学生心灵的导师。我们希望在每个活动环节中所倾注的情感与期待能够通过文字的脉络传递给每一位使用者，使每一位使用者做到“让学生的身体跑起来！让学生的心灵跑起来！”

逻辑与结构

本教材设计遵循学生发展的特点，立足于“学生处于生长中，学生处于关系中”，设计的横向维度上注重不同年级之间身体发育、心理发育的特点，在学习和练习的内容上呈现出循序渐进的态势，在保证内容科学性的同时，体现内容内在的一致性和整体性。为了更好地体现小学阶段学生发展的阶段性，将一至三年级教学内容归类为一册，四至六年级教学内容归类为一册，这构成了本教材设计的总体维度，突出高、低年级在内容设计、游戏选择、练习方法上的不同特点，但是在基本脉络上两者是连续的。

本教材的结构包括六个部分，分别是绪论、示范课教学方案、游戏化练习活动资源包、校内跑步活动实施——跑步激励包的设计与发放方法、跑步“挑战日”方案规划、跑步小知识。为了便于教师更好地使用本教材，绪论部分是作者的一些思考以及对于资源包在使用时的一些方法说明。一单元是示范课教学方案，一共提供了24份一至六年级的示范教案，为后续教师的课程设计提供参考。二单元是游戏化练习活动资源包，是教师课程设计的素材，教师可以根据教学实际情况从资源包中选取合适的素材，以示范课程教学方案为参考，组合、编排新的课程。此部分为教材的主体部分。体育教学因学情与客观环境的不同应具有个性化的设计，所以教师应充分了解影响教学行为的因素之后再进行组合、改编，从而保证有效教学的过程。当讨论学生的运动和游戏时，动机并非“游戏能有什么样的报酬”，而是能为他们的努力和进步提供有形或无形的奖赏。这样会使学生在短时期内体会到汗水带来的持续性回报，基于此，设计了三单元校内跑步活动实施——跑步激励包的设计与发放方法。为了更好地反馈教师课程方案的效果，以及增加学生对跑步学习和练习的积极期待，四单元设计了“挑战日”计划，即让学生在“挑战日”中展示自己的学习成果，增进学生之间的互动，进一步推进学生的自主参与与自我管理。五单元跑步小知识是从通识教育的视角出发，让师生通过他人参与跑步的故事了解跑步项目对于个人成长的意义。

学习方法论

本教材设计的核心宗旨是促进学生对跑步运动的参与，主动学习、自主学习、快乐学习、终身学习，四者构成了本教材的学习方法论基础。主动学习体现为学生在跑步运动中的主动参与，是学习效率与学习效果的基本保证，也是学习动机被充分调动的具体体现；自主学习体现了学生的主体性，学生在自主学习的过程中充分地伴随着自我的选择、自我的肯定，不断地体会到自我价值；快乐学习是学生学习的应然状态，也是学生能够持续拥有学习动力的本源所在；唯有上升至终身学习，才能实现教材设计的核心理念，促进跑步运动成为学生的终身所爱，促进学生健康生活方式的养成，让学生终身在“跑”中体验快乐。

实现学生的主动学习、自主学习、快乐学习、终身学习需要四个基本要素，即开放的学习环境、积极的学习引导、有效的学习反馈、持续的学习支持。本教材设计过程中强调学习环境要素的开放性，跑步的场所与形式灵活多样，不被拘泥于特定的框架之内，学生能够充分体验到更大程度的自由和更多维度的交往；教师的角色更多的是引导者与陪伴者，强化教师的教育职能，弱化教师的决策角色。有效的学习反馈来自教师评价、同伴评价与自我评价，三维评价体系能够使学生更准确、更全面地对自我的学习行为进行调整；持续的学习支持来自社会、家长、学校、教师、同伴，将跑步的文化融入社区、融入学校、融入课堂，才能够从多重环境中给予学生更为丰富的体验，不断地强化和支持学生的积极行为。

一单元

UNIT 1

示范课教学方案

PRIMARY SCHOOL RUNNING CURRICULUM

四年级 设计多样化跑步形式与变换的途中跑练习，以灵敏性基础发展为要素促进快速反应及提高跑速。

四年级 | 第一课

<接力跑>

课时40(分钟)

人数32(人)

场地范围
28(米)x15(米)

教学步骤

1	开始部分	课堂常规	2 分钟
2	开场活动	对号入位	10 分钟
3	主体活动	站站相连	10 分钟
4	主体活动	迎面接力	15 分钟
5	结束部分		3 分钟

教学设计思路

以接力跑为主题，利用场地变形进行接力跑练习，并将练习内容融入游戏中，提高学生的参与积极性，使其掌握基本竞速跑要点。

道具说明

20(个) 10(个)

分队背心

课堂常规

开始部分

学生成“通道式”站立。
教师整队、师生问好。
教师介绍接力跑的概念，示范讲解接力跑技术动作，并提出本节课任务，学生及时提出疑问。

对号入位 开场活动

教学目标

在接力跑前进行反应性练习，提高积极性与参与度，同时在活动中逐步强调接力跑中的动作技巧，使学生逐渐进入状态。

练习方法

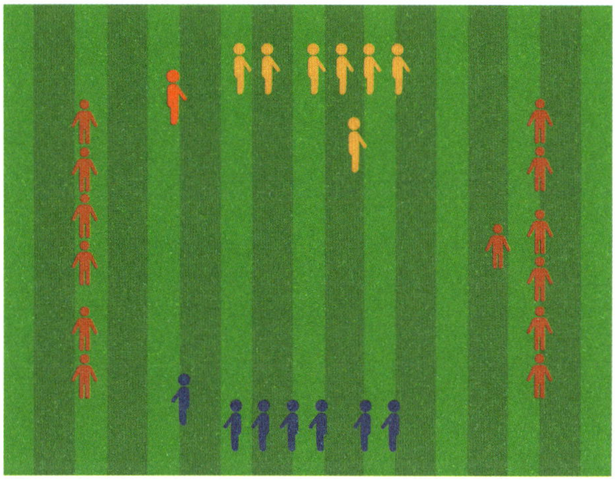

❶ 学生分为人数均等的四路纵队，分别站在场地的四条边线上；

❷ 每队的每名学生从排头开始依次有一个数字对应自己的位置，数字从1开始，四个队伍按照顺时针方向慢跑；

❸ 游戏开始后，教师会喊出一个数字，如“3”，每队的3号要快速跑到前面队伍的3号空位上；

❹ 以此类推，进行游戏。

执行要素

练习要求

1. 在跑动时要确定补空的位置正确；
2. 其他慢跑的学生在游戏过程中不可故意缩小空位来干扰快速跑动者。

注意事项

教师口令喊清楚，强调在跑动时避免冲撞现象，要与其他学生保持一定距离。

难度与变量

可将前面一支队伍的空位更改为往前两支队伍或者快速绕一圈回到本组位置，看哪组最先到位。

执行分享与要点提示

1. 活动中教师注意自己的位置，要随学生移动，同时要兼顾全场；
2. 执行中，注意喊数字的次数，尽可能保证每一名学生都参与到快速跑中。

站站相连

主体活动

教学目标

利用短距离接力赛，加强接力赛中交接棒的技巧，同时增加趣味性。

练习方法

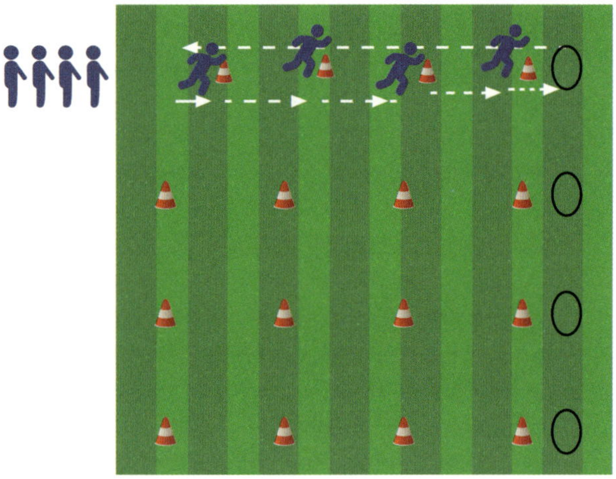

❶ 在场地的一侧短边线上，设置四个起点，四组成纵队分别站于起点后，每组对应的前方相等距离码放四个标志盘称为四站，终点位置设置一个码放区；

❷ 每站有一名学生，其余学生站于起点后，且每人手里持有一个沙包；

❸ 活动开始后，起点处的第一名学生手持沙包快速跑向第一站，将沙包交给该学生，交接沙包后站在第一站，第一站的学生接过沙包后快速跑向第二站，交接沙包，第二站学生跑向第三站、第三站学生跑向第四站，第四站的学生拿到沙包后，快速将沙包放置于终点线的规定区域，快速跑回起点击掌接力下一名学生出发；

❹ 以此类推，所有人将手里的沙包放置于终点区后回到本组内即完成。

执行要素

练习要求

1. 起点最后一名手持沙包的学生在第一站交接完沙包后，后面的接力中用击掌代替沙包继续前进；
2. 交接沙包时需用指定交接方式进行，如“右手接右手”；
3. 在快速跑的途中若沙包掉落须快速捡回，原地继续。

注意事项

1. 到达终点后的沙包一定按照要求放入，不可直接扔进区域内；
2. 提醒学生注意观察脚下，避免踩到标志物滑倒。

难度与变量

1. 根据学生具体情况调整跑动距离和站地的数量；
2. 在交接方式上可以加大或减小难度。

执行分享与要点提示

1. 教师在执行中尽可能随学生跑动方向及时跟进，增加激励语言与及时保护动作；
2. 拍手接力要轻拍，不可过重拍打；
3. 教师在活动执行前可提前准备出活动规则讲解示意图，或者在活动前在小黑板上进行规则讲解。

迎面接力 主体活动

教学目标

将接力形式变为迎面式，同时通过改变小的细节与路线来增加跑动的难度。

练习方法

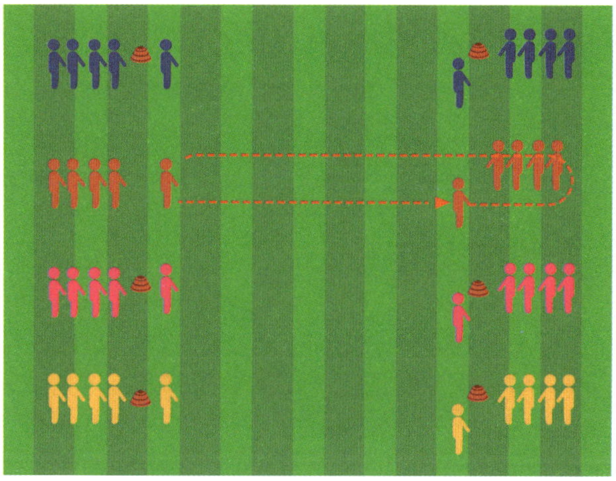

❶ 在现有队形基础上，将每队人数再分成两半，一半人数到对面，成面对面队形，中间相隔30米；

❷ 统一由各队右侧的第一名学生手持接力棒，对面的第一名学生面向本小组队伍站在队伍右侧；

❸ 活动开始后，手持接力棒的学生快速跑到对面，将接力棒交给背向准备接力的这名学生，该学生接到接力棒后绕过本组队伍后快速跑向对面，对面的第二名学生同样站在队伍右侧背向做好接力姿势，完成交接棒的学生自动归入队尾；

❹ 当两边的学生全部交换了场地，这一大组即完成游戏。

执行要素

练习要求

1. 在接力过程中，必须按照要求进行接力，如“下压式”接力；
2. 拿到接力棒后先绕过本组队尾才可前进。

注意事项

等待中的学生不得改变队形或者故意站出队伍进行干扰。

难度与变量

可调整跑动距离和队伍人数。

执行分享与要点提示

1. 教师在执行中尽可能随学生跑动方向及时跟进，增加激励语言与及时保护动作；
2. 拍手接力要轻拍，不可过重拍打；
3. 教师在活动执行前可提前准备出活动规则讲解示意图，或者在活动前在小黑板上进行规则讲解。

结束部分

结束部分

整理活动

学生散点站立，跟着教师喊的节拍进行抖腿放松。

分享与引导

① 接力赛有多种接力形式，学生之间可以相互讨论哪一种对自己或者队伍更有利；
② 小组竞赛要团结一致，培养团队精神；
③ 大家可分享在活动进行过程中的一些让自己觉得同伴做得很好的地方。

课后记录

（课中学生的表现与反应，练习是否流畅）

< 障碍跑 >

教学步骤

1	开始部分	课堂常规	2 分钟
2	开场活动	一模一样	10 分钟
3	主体活动	单项练习	10 分钟
4	主体活动	障碍接力赛	15 分钟
5	结束部分		3 分钟

课时40(分钟)

人数32(人)

场地范围 28(米)x15(米)

教学设计思路

将障碍跑内容加入跑的练习中，结合游戏形式，充分利用空间与器械促使学生在跑动过程中产生更多的身体姿态，提高学生的参与积极性，使其掌握基本障碍跑的要点，提高身体敏捷性。

道具说明

10(个)　5(个)　10(个)　20(个)　5(个)

分队背心

课堂常规

开始部分

学生成“扇形”面向教师站立。
教师整队、师生问好。
教师以提问的方式引导学生思考障碍跑的形式，想象障碍跑的场景，学生自由演示障碍跑所涉及的动作技术。

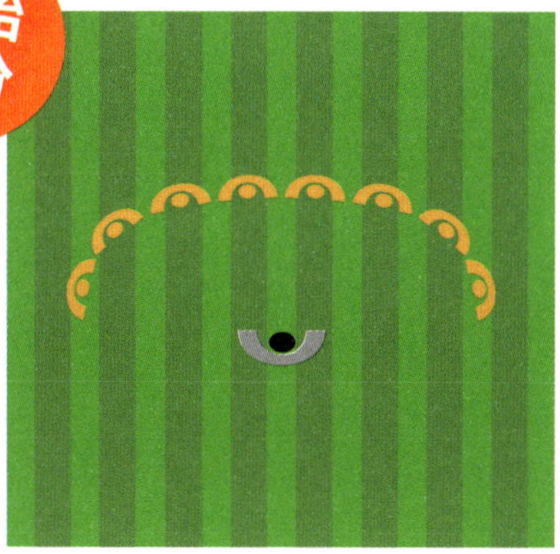

一模一样 开场活动

扫码看视频

教学目标

为使学生对障碍跑内容有初步了解，教师将障碍跑动作进行简化，使学生在模仿练习中热身。

练习方法

❶ 将学生分为人数均等的四路纵队，分别站于场地四个起点后，在距离15米的地方设置终点标志；

❷ 游戏开始后，每组第一名学生站出来，第二名学生紧随其后，教师这时会给出指定动作口令，如“兔子跳”，第一名学生立刻做出相对应动作，同时向前前进，第二名学生需在其前一名学生身后模仿动作，尽可能保证一模一样；

❸ 前进过程中，教师随时更换口令，如“换，鸭子走”等，第一名学生则要随机改变动作，模仿者同上，到达终点后停下；

❹ 以此类推，前一组到达终点，下一组准备，同上进行，全部到达终点后，将刚刚完成动作和模仿动作的两人顺序更换，再进行一轮。

执行要素

练习要求

❶ 认真做教师给出的指定动作，注意力集中听清口令，注意不要过度紧张；

❷ 模仿者需将动作模仿到位。

注意事项

教师口令喊清楚，前后两人的距离保持好。

难度与变量

❶ 根据学生的具体情况选择起点与终点的距离；

❷ 规定不同的准备姿势来增减难度。

执行分享与要点提示

❶ 在活动开始前，教师需示范活动中会出现的指定动作的要点；

❷ 执行中，可根据学生具体情况重点专注于某一个动作的练习。

单项练习

主体活动

教学目标

进行单项轮转练习，将单一动作强化记忆，大轮转中加强练习的趣味性。

练习方法

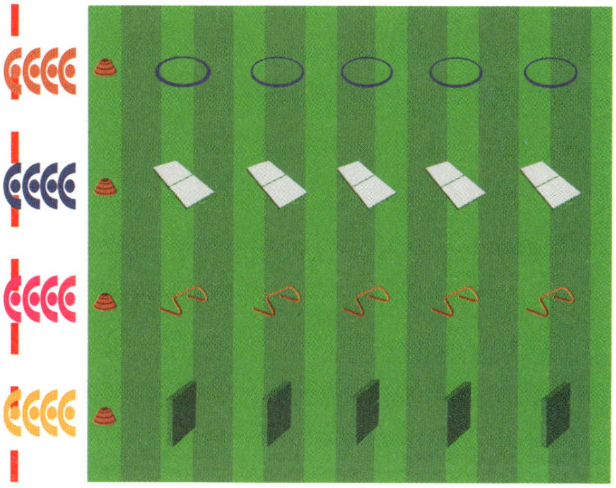

❶ 队形同上，四支队伍分别站于四个起点后，每组分别对应不同的练习方式，按内容分为“钻、翻、爬、跨”；

❷ 在每组的前方分别等距离码放五个障碍物；

❸ 前面的学生到达第四个标志物时，下一名学生才可出发；

❹ 每组熟悉本组练习后，再进行下一个练习。

执行要素

练习要求

1. 由于每组练习内容不同，有任何问题要及时提问，避免错误动作重复；
2. 每做完一组练习，慢跑回到本组队尾；
3. 经过轮转熟悉练习后，可进行竞赛；
4. 教师没有鸣哨停止，学生需不间断地练习。

注意事项

提醒学生注意观察脚下障碍物的位置，避免踩到标志物滑倒。

难度与变量

1. 根据学生具体情况调整跑动距离和障碍物的数量；
2. 可根据学生的实际情况增加或减少障碍的通过步骤而改变难度。

执行分享与要点提示

1. 教师在执行中尽可能随学生跑动方向及时跟进，增加激励语言与及时保护动作；
2. 拍手接力要轻拍，不可过重拍打。

障碍接力赛

主体活动

教学目标

将障碍跑融入接力赛中，提高学生的练习兴趣。

练习方法

❶ 将每组对应的第五个障碍物撤走，将队伍横向调动到场地的一侧，使每个队伍对应四个不同的障碍物，在终点位置放置好与本组人数相等数量的沙包；

❷ 教师鸣哨后，每组的第一名学生出发，通过四个不同的障碍物，到达终点拿起一个沙包，快速直线跑回本组，与下一名学生击掌接力；

❸ 所有人最先完成拿回沙包的组获胜。

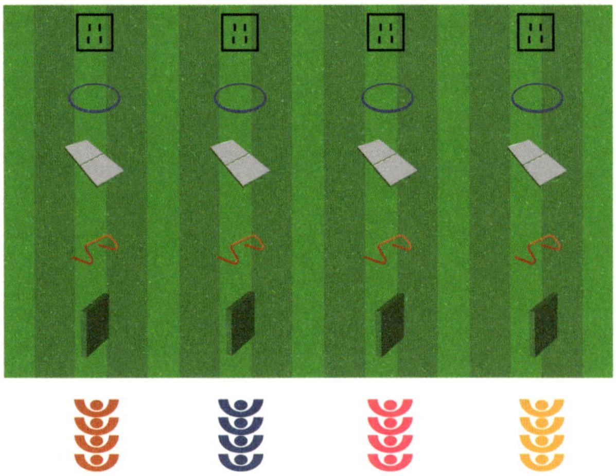

执行要素

练习要求

❶ 按照教师的游戏规则进行；

❷ 在行进过程中认真听教师的哨声；

❸ 通过障碍物时注意动作要点和活动要求；

❹ 每人每次只可拿回一个沙包。

注意事项

注意快速跑中障碍物的位置，避免踩到滑倒。

难度与变量

❶ 教师可通过调整障碍物的数量来控制游戏的难度；

❷ 可调整跑动距离和队伍人数。

执行分享与要点提示

❶ 教师在执行中尽可能随学生跑动方向及时跟进，增加激励语言与及时的保护动作；

❷ 拍手接力要轻，不可过重拍打。

结束部分

结束部分

整理活动

学生成“扇形”站立，由教师带领进行由上到下的静态拉伸放松。

分享与引导

① 学生相互纠错，相互学习通过障碍物时的动作技巧；
② 除了我们课上这种设置障碍物的形式，还能变换别的形式吗？

课后记录

（课中学生的表现与反应，练习是否流畅）

四年级 | 第三课

<折返跑>

课时 40(分钟)

人数 32(人)

场地范围

28(米)x15(米)

教学步骤

1	开始部分	课堂常规	2 分钟
2	开场活动	争夺“高地”	10 分钟
3	主体活动	彩色折返跑	10 分钟
4	主体活动	折返接力	15 分钟
5	结束部分		3 分钟

教学设计思路

充分利用场地空间，使用少量器材辅助进行快速跑练习。练习与竞赛游戏的结合，将练习内容融入游戏当中，提高学生的参与积极性，使其掌握基本竞速跑要点。

道具说明

6(个) 6(个) 6(个)

分队背心

课堂常规

开始部分

学生近距离散点站立。
教师整队、师生问好。
教师带领学生回忆上节课所学的障碍跑内容，提问学生折返跑与障碍跑的区别，讲解示范折返跑的动作技术，提出本节课的任务要求。

争夺“高地”

开场活动

扫码看视频

教学目标

在起跑前加入反应练习，对手相对而站的队形会有干扰性，加入教师的口令，由此强化学生注意力与起跑反应能力。

练习方法

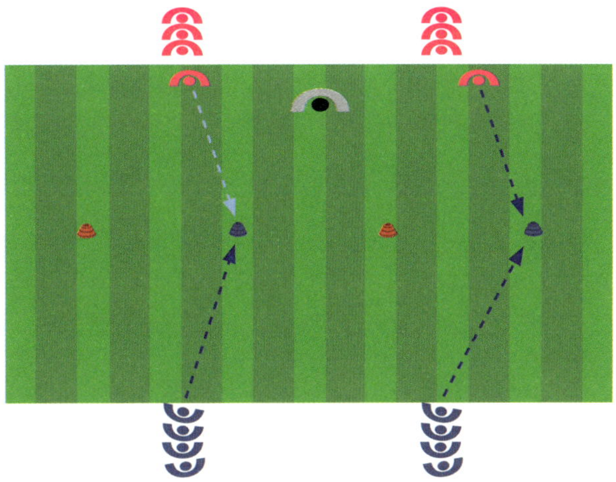

1. 将学生平均分成四队，每两队间隔20米成纵队相对而站，每队脚下放置起点标志盘；
2. 在两队中间位置横向码放间隔3米的红、蓝两个颜色的标志盘；
3. 两边准备的学生进行快速的原地小步跑动作，等待教师给出口令；教师随机喊出任意一个颜色，学生从小步跑迅速转换成快速跑，跑向指定标志盘且触摸到标志盘；
4. 完成后快速返回本队队尾，下一名学生做准备。

执行要素

练习要求

1. 学生要认真做好指定动作，注意力集中，听清教师的口令；
2. 快速跑到标志盘处时，若两人同时到达，触摸标志盘时不可争抢；
3. 不管是否触摸到标志盘都要快速跑到中间位置且快速返回。

注意事项

教师口令喊清楚，且强调为在中间位置避免冲撞现象可选择减速。

难度与变量

1. 根据学生的具体情况选择跑动距离；
2. 规定不同的准备姿势来增减难度，如背向支撑等；
3. 执行中，也可选择在标志盘颜色上改动，如喊相反颜色、摸相反颜色等。

执行分享与要点提示

在活动开始前，教师需示范起动跑与折返跑的正确姿势，强调要点。

彩色折返跑

主体活动

扫码看视频

教学目标

利用多颜色的标志盘进行不规则的折返跑练习，将枯燥乏味的练习变得更有趣。

练习方法

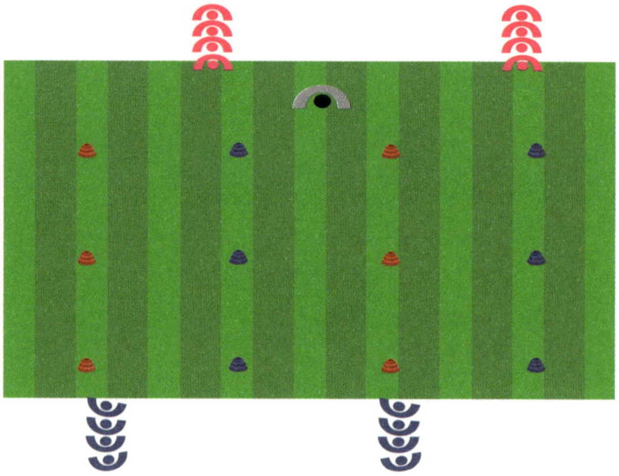

❶ 队形同上，每两队相对而站，间距20米，左右错开5米；

❷ 每队前有按等距离码放的三个颜色标志物，但每组的颜色顺序不一样；

❸ 教师喊出三个颜色顺序如“蓝、红、绿”，学生快速跑，按照颜色顺序跑动，每跑到一个颜色都要回到起点线再出发跑向下一个，跑完三个颜色后快速跑到对面的终点线；下一名学生准备听口令出发。

执行要素

练习要求

1. 听到教师的哨声后才可启动；
2. 折返时注意最后一步落位及重心移动；
3. 快速跑途中摆臂与蹬地姿势。

注意事项

1. 在折返跑练习前，强调折返时的动作方法；
2. 提醒学生注意观察脚下，避免踩到标志物滑倒。

难度与变量

1. 根据学生具体情况调整跑动距离和标志盘数量；
2. 可进行积分制竞赛，每一名最先完成的学生积一分，最后算各队总分。

执行分享与要点提示

1. 教师在执行中尽可能随学生跑动方向及时跟进，增加激励语言与及时保护动作；
2. 拍手接力要轻，不可过重拍打。

折返接力 主体活动

教学目标

将折返跑融入接力赛中，提高学生的练习兴趣。

练习方法

❶ 队形同上，将每队所对应的标志物撤回，在中间位置放置一个标志盘作为折返线，标志盘要放入提前画好的圆圈内或摆放至呼啦圈内；

❷ 教师鸣哨后，每组的第一名学生出发，跑到折返线后快速将标志盘翻过来，快速跑回与下一名学生击掌接力；

❸ 最终最先完成的队伍获胜。

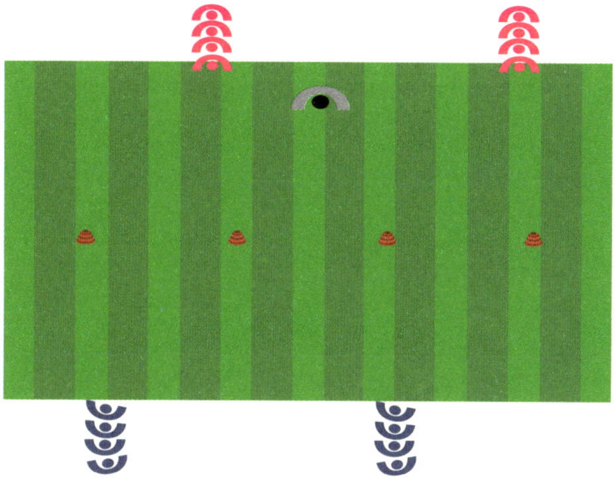

执行要素

练习要求

1. 按照教师提出的游戏规则进行；
2. 在行进过程中认真听教师的哨声；
3. 折返时注意动作要求；
4. 必须将标志盘翻过才可返回。

注意事项

1. 前面的学生出发时，后面的学生不能推。
2. 提醒学生翻动标志盘时不要翻出圈外。

难度与变量

1. 教师在鸣哨后，可要求在折返处完成指定动作来增加游戏难度；
2. 可调整跑动距离和队伍人数。

执行分享与要点提示

1. 教师在执行中尽可能随学生跑动方向及时跟进，增加激励语言与及时保护动作；
2. 拍手接力要轻，不可过重拍打。

结束部分

结束部分

整理活动

学生两人一组，按照教师指定动作相互配合进行放松。

分享与引导

① 学生相互纠错，相互学习，讨论起动跑时的反应和折返时的动作对错；
② 学生讨论小组竞赛时组内是否需要有一个指挥者；
③ 课后可相互分享跑步中的经验。

课后记录

（课中学生的表现与反应，练习是否流畅）

< 合作跑 >

课时40(分钟)

人数32(人)

场地范围 28(米)x15(米)

教学步骤

1	开始部分	课堂常规	2 分钟
2	开场活动	相辅相成	10 分钟
3	主体活动	组队追逐	10 分钟
4	主体活动	轮流领跑	15 分钟
5	结束部分		3 分钟

教学设计思路

利用合作跑的形式提高学生在耐久跑中的参与度，同时在合作中相互鼓励，坚持完成时间较长的跑步练习。

道具说明

10(个)

分队背心

课堂常规

开始部分

学生成两横排前后左右一臂距离站立。

教师整队、师生问好。

教师介绍课程内容，强调合作跑的要点，提出本节课的任务要求，学生及时提出疑问。

相辅相成 开场活动

教学目标

通过合作形式的接力跑，使学生消除抵触长时间跑动的心理，在开场活动中将气氛调动起来，使后面的活动参与度更高。

练习方法

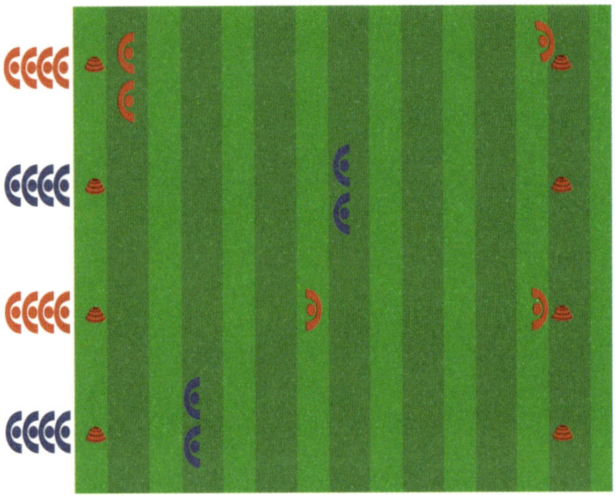

❶ 在场地一侧短边设置四个起点，对应另一侧设置四个终点；

❷ 将学生分为人数均等的四组，成纵队站在短边的四个起点后；

❸ 活动开始后，每组第一名学生快速冲向终点再折返，牵住第二名学生的手一起快速跑向终点，到达终点后，第一名学生停留，第二名学生快速返回，携同第三名学生一起跑，然后第二名学生停留在终点，第三名学生折回与第四名学生一起跑，以此类推；

❹ 最后一名学生折回起点后将起点的标志盘带回终点，最终最快速度完成的组获胜。

执行要素

练习要求

在牵手跑的过程中要顾及队友的速度，避免摔倒。

注意事项

快速进行活动的过程中注意两人的配合，不要产生矛盾。

难度与变量

根据学生的具体情况改变跑动距离。

执行分享与要点提示

❶ 在活动开始前，教师需示范合作跑的动作且强调要点；

❷ 执行中，教师的位置要及时变动，以便起保护作用。

组队追逐 主体活动

教学目标

通过改变活动形式增加练习的趣味性，同时加强学生间的合作意识。

练习方法

1. 将上一个活动中的四个组分别带到场地的四个角上，同时把场地变成15米X15米的正方形；
2. 每组内3人为一小队，分出先后顺序；
3. 活动开始后，每组第一小队按照顺时针的方向沿场地边线跑动，追逐前面的队伍，若被一支队伍反超本队则需在下一圈中加入一人，继续追逐，若被两只队伍反超则加入两人继续追逐，若没有被反超则换本组第二小队出发；
4. 每完成一圈教师会吹哨暂停，再次吹哨开始；
5. 最后追逐队伍人数最多的组得分最少。

执行要素

练习要求

1. 听到教师的哨声后才可启动；
2. 在跑动过程中统一牵手并肩横排跑动，排头始终踩在线上；
3. 游戏中会出现有的人多跑有的人少跑，需要本组商量好，避免耽误整体时间；
4. 所有的反超都从内侧进行，反超过程中不得伸手推打，只需速度超过即可。

注意事项

1. 并肩跑动时要顾及周围学生，避免摔倒；
2. 提醒学生注意观察脚下，避免踩到标志物滑倒。

难度与变量

根据学生具体情况改变每个小队的人数。

执行分享与要点提示

教师在执行中尽可能随学生跑动方向及时跟进，增加激励语言与及时保护动作。

轮流领跑

主体活动

教学目标

合作跑的同时加长跑动时间，为减少枯燥，轮流替换领跑者。

练习方法

❶ 将队伍调整为两组，每组成两路纵队并排站，分别站于场地的两条边线上；

❷ 活动开始后，两名学生手拉手跑，最后两名学生分别从自己的外侧快速超过本组队伍到达排头，到达后喊“到”，下一组学生快速冲向排头，以此类推；

❸ 学生听教师哨声结束。

执行要素

练习要求

跑动过程中手拉手跑动，且要根据前、后、左、右的学生的速度及时调整自己的速度，以免影响本组进行。

注意事项

反超时注意拐弯位置，避免绊倒。

难度与变量

可改变合作方式和总时长来增减难度。

执行分享与要点提示

教师在执行中尽可能随学生跑动方向及时跟进，增加激励语言与及时保护动作。

结束部分

结束部分

整理活动

学生两横排成密集队形站立，按照前、后、左、右的顺序给身边的学生轻轻拍打背部进行放松。

分享与引导

① 合作跑最注重的是学生间的合作意识，学生相互之间可以分享课程中的合作点；
② 引导学生相互分享跑步中的经验以及合作跑的技巧等。

课后记录

（课中学生的表现与反应，练习是否流畅）

PRIMARY SCHOOL RUNNING CURRICULUM

五年级 利用客观空间设计逐渐加大跑步距离，提高耐久能力，通过步幅与步频的调整，增进动作合理性与速度。

<跨步跑>

课时40(分钟)

人数32(人)

场地范围
28(米)x15(米)

教学步骤

1	开始部分	课堂常规	2 分钟
2	开场活动	运气对对碰	10 分钟
3	主体活动	按数完成	10 分钟
4	主体活动	折返接力	15 分钟
5	结束部分		3 分钟

教学设计思路

五年级的跑步练习在四年级的基础之上运动量和难度有所加大，将跨步跑作为快速的基础练习之一，融入多样化的练习形式与趣味性的练习内容，强调蹬地有力、加大步幅。

道具说明

20(个)

分队背心

开始部分

课堂常规

学生成“通道式”队形两排站立。教师介绍本课任务并对跨步跑动作要领进行提炼、引导及示范，对增加跨步动作中的步幅距离提出要求。

运气对对碰

开场活动

教学目标

在跨步跑练习前，让学生在热身游戏中对跨步跑有初步认识，能够在热身活动中全员参与，调动气氛。

练习方法

1. 在场地的两条短边，分别设置两个起点，将学生平均分成四组，编号为A、B、C、D，分别纵队站在四个起点之后；
2. 活动开始后，每组第一名学生跨步向前跑，当与对面的学生相遇后，两人进行“剪刀石头布”，赢了的学生继续跨步向前跑，输了的学生快速返回本组队尾，同时本组立即派出下一名学生快速跨步跑向对手，两人相遇时，再次进行“剪刀石头布”；
3. 当有一方学生到达对方队伍起点时，则算完成任务，本组立即派出下一名学生，依次进行；
4. 当一组学生全部到达对方起点时，该组获胜。

执行要素

练习要求

1. 两人相遇后，一局定胜负，输了返回，赢了继续；
2. 在起点准备的学生，当相遇的两人决出胜负后立即行动，不用等队友回到本组之后再出发；
3. A组与B组相对进行，C组与D组相对进行，两边各自有输赢。

注意事项

1. 保证地面平整无杂物；
2. 强调动作的准确性，可逐渐加大跨步跑的距离。

难度与变量

1. 根据学生的具体情况选择跑动距离；
2. 可规定“剪刀石头布”的输赢局数；
3. 对跨步跑提出要求，如必须双手背后等；
4. 可在途中摆放等距的标志盘，限制跨步步幅的距离。

执行分享与要点提示

1. 在活动开始前，教师提出在活动中对于跨步跑的要求，同时讲解示范；
2. 活动中运气占一部分因素，可选择在一轮活动结束后，四支队伍交换对手，再次进行比赛。

按数完成

主体活动

教学目标

利用不同的规则进行跨步跑练习，增加练习的兴趣，同时引导学生间要相互鼓励。

练习方法

1. 将四组调整到场地同侧短边上，成四路纵队站好；
2. 在每组对应的队伍前方码放3个标志物，标志物间隔根据实际情况而定；
3. 活动开始后，教师喊出规定的步数，如“3步”，每组第一名学生快速跨步跑向第一个标志物，且跨步跑的步数只可少于3步，到达标志物后原地停住，教师再喊出第二个口令，如“4步”，这四名学生从原地开始，四步之内到达第二个标志物，教师依次完成三个口令后，距离第三个标志物最远的学生在本组的标志物后加上一个标志物；
4. 第一组完成后，每组第二名学生准备，同上进行，到达第三个标志物后，距离最远的在本组加入一个标志物，所有组都应完成本组所有标志物间的跨步动作，包括后期增加的标志物。最后看哪个队伍的标志物最多，表明本组跨步跑能达到要求的次数最少。

执行要素

练习要求

1. 学生听到教师的口令后才可启动；
2. 达到规定步数后立即停住；
3. 每一个标志物都是丈量跨步的距离标志，学生尽可能按照教师规定的步数或者以更少的步数到达每一个标志物；
4. 教师所处位置要备出10个标志物，以便加量。

注意事项

提醒学生注意观察脚下，避免碰撞到标志物对活动有干扰影响。

难度与变量

1. 根据学生具体情况调整标志物之间的距离和所规定的步数；
2. 活动进行前，教师强调跨步跑的动作要求。

执行分享与要点提示

1. 教师在活动中，要及时观察每组的到达次序，保证活动的公平性；
2. 在活动前要示范跨越标志物的动作要求；
3. 教师在活动中尽可能不中断活动的进行。

折返接力 主体活动

教学目标

变换跨步跑的练习形式，提高学生练习兴趣。

练习方法

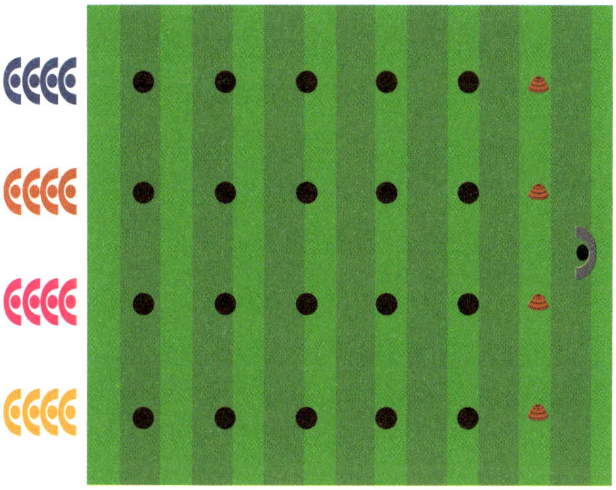

❶ 队形同上，在每组前方相等距离码放5个标志物，同时在距离最后一个标志物5米的位置码放出一个终点标志盘；

❷ 教师鸣哨后，每组的第一名学生出发，以跨步跑的方式，跨过每一个标志物，跑向终点后将标志盘翻过来，每轮最后一个到达终点翻标志盘的一组不需翻盘；

❸ 完成翻盘后，快速跑回自己的队尾，第二名学生准备，听教师口令，以此类推进行活动；

❹ 翻盘次数多的队伍获得积分最多。

执行要素

练习要求

1. 活动过程中认真听教师的哨声；
2. 折返时注意动作要求，将标志盘翻过来。

注意事项

注意观察标志物位置，避免踩到摔倒。

难度与变量

1. 教师在鸣哨后，可要求在折返处完成指定动作，来增减游戏的难易度；
2. 可调整标志物之间的距离和跑动距离，以及每组的人数。

执行分享与要点提示

1. 教师在活动中，要及时观察哪个队伍最后到达，保证活动的公平性；
2. 在活动前要示范跨越标志物的动作要求；
3. 教师在活动中尽可能不中断活动的进行。

结束部分

结束部分

整理活动

学生成“通道式”队列，在完成下肢的牵拉与静力性拉伸动作后对大腿肌肉进行拍打。

分享与引导

① 在活动中游戏规则变换较多，学生间要相互及时沟通，可小组讨论；
② 小组竞赛要团结一致，培养团队精神；
③ 课后可相互分享跨步跑中的经验与技巧。

课后记录

（课中学生的表现与反应，练习是否流畅）

< 多姿态跑 >

教学步骤

1	开始部分	课堂常规	2 分钟
2	开场活动	随叫随到	10 分钟
3	主体活动	入乡随俗	10 分钟
4	主体活动	丛林穿越	15 分钟
5	结束部分		3 分钟

课时 40(分钟)

人数 32(人)

场地范围

28(米)x15(米)

教学设计思路

充分利用校园场地空间，使用器材辅助进行多姿态跑练习。练习与竞赛游戏相结合，将各种姿态的行进动作融入游戏当中，提高学生的参与积极性，提高身体的协调与灵敏性。

道具说明

10(个)　10(个)　10(个)　10(个)　10(个)

分队背心

课堂常规

开始部分

学生成四排横队站立。

师生问好，教师带领学生回忆上节课的学习内容，本次课为多姿态跑步练习，教师做出本节课所涉及的跑动姿态动作，引导学生说出动作名称并记忆。

随叫随到

开场活动

扫码看视频

教学目标

在热身活动中，将障碍跑简化成单一动作，融入游戏中，调动学生兴奋度，提高学生参与度。

练习方法

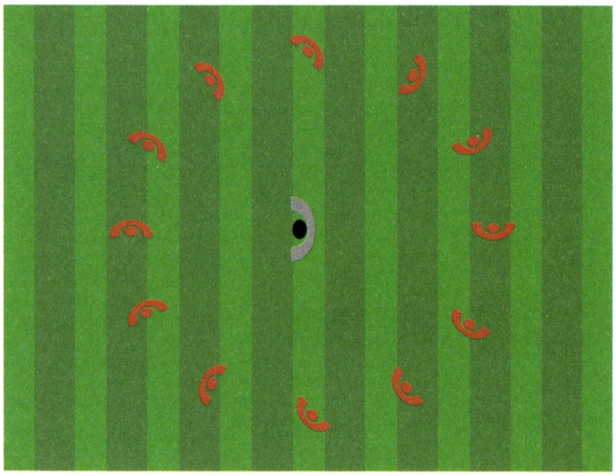

❶ 将所有的学生逐一编号，每人记住自己的号码；

❷ 教师在场地中间手持一个球，活动开始后，学生在场地内圆形慢跑，教师将球向上抛起，同时大声喊出一个数字，对应此数字的学生快速去接空中的球，若在球没落地前接住，则规定全场所有学生做一个动作，大家按照指定动作进行慢跑，如“左手高举、右手左右摇摆、跨步跑”等；

❸ 若在球落地后接住，则由教师指定动作，只有该学生按照教师的指定动作慢跑；

❹ 每一次抛球、接球后，都由该学生再次抛球，继续喊下一名学生，其他学生根据每一次不同人的指定动作进行改变。

执行要素

练习要求

1. 学生要注意力集中听清口令，认真做指定动作；
2. 抛球只可直上直下抛球，不可有意向远方抛球；
3. 所有的指定动作必须在能够继续跑动的基础上进行设计，不可指定静止性动作。

注意事项

1. 抛球喊号不能仅在几人之间互动，要尽可能全员参与；
2. 如人数较多可分小组同时进行。

难度与变量

1. 可根据学生的具体情况调整场地范围；
2. 可对指定的动作加入限制条件，如只能是上肢动作等。

执行分享与要点提示

1. 活动开始前，教师需示范抛接球动作；
2. 活动执行中，教师需站于场地外，避免成为干扰，也尽可能不做阻断。

入乡随俗

主体活动

扫码看视频

教学目标

通过不同的练习形式，改变传统障碍跑理念，提高学生兴趣度。

练习方法

1. 将场地平均分为四块，第一块规定“在区域内手触地跑动”、第二块规定“在区域内必须跨步跳跑”、第三块规定“在区域内必须双手背后，脚后跟着地直膝勾脚跑”，第四块可规定为“高抬腿跑”；
2. 在每个区域内设定两名抓捕人，抓捕人同样要用规定姿势跑动，其余学生随意选择场地，可随时更换场地，在哪一块场地内用哪个规定姿势进行跑动，跑动的同时躲避抓捕人，一旦被抓则交换角色。

执行要素

练习要求

1. 学生听到教师的哨声后才可启动；
2. 在区域内必须按照规定动作进行活动，若发现违规行为则与抓捕人交换角色；
3. 教师要观察并要求学生不能在同一区域时间过长，应引导分散。

注意事项

1. 提醒学生注意观察脚下，避免踩到标志物滑倒；
2. 追拍时仅触碰到即可。

难度与变量

1. 可根据学生具体情况调整区域大小；
2. 可对各区规定的动作进行改变。

执行分享与要点提示

1. 教师在执行中尽可能随学生跑动方向及时跟进，增加激励语言与及时保护动作；
2. 教师时刻注意障碍物的位置，以免对学生造成伤害。

丛林穿越 主体活动

教学目标

利用环形跑道或者自然环境进行障碍跑练习。

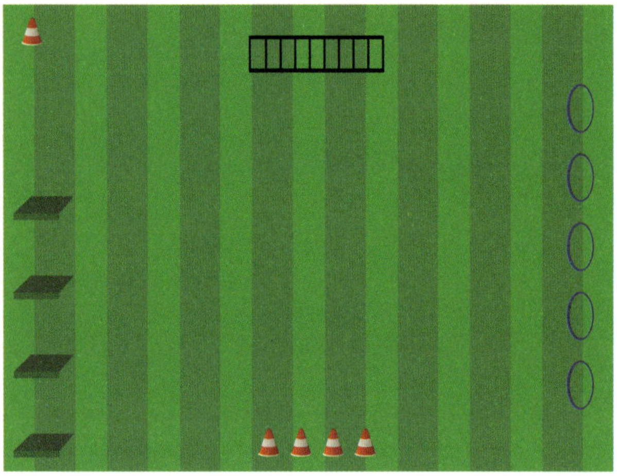

练习方法

1. 利用学校内的自然环境进行障碍跑练习，教师可提前规划好路线，随后进行练习与竞赛；
2. 若学校不具备可利用的自然环境，教师可将场地设置为尽可能大的圆形，在圆形的路线上依次设置障碍物，可结合跨、钻、爬、跳等动作设置；
3. 学生在规定的起点处依次出发，教师及时观察学生的完成速度。

执行要素

练习要求

1. 按照教师提出的游戏规则进行；
2. 在行进过程中认真听教师的哨声；
3. 注意障碍物处动作的规范性。

注意事项

前面的学生出发，后面的学生不要着急，听教师口令再出发。

难度与变量

1. 可在障碍处指定动作的难易方面增减游戏的难易度；
2. 可调整跑动距离。

执行分享与要点提示

1. 教师在执行中尽可能随学生跑动方向及时跟进，增加激励语言与及时保护动作；
2. 教师时刻注意障碍物的摆放情况，以免对学生造成伤害。

结束部分

结束部分

整理活动

学生成散点站立，拍打四肢进行放松。

分享与引导

① 教师对练习过程中协调性较弱的学生要多加关注，给予鼓励；
② 教师提问学生哪个姿态跑得最快，最舒服？
③ 教师总结出跑步时姿态标准的重要性（如摆臂、呼吸、身体姿态等）；
④ 学生课后可相互分享跑步中的经验。

课后记录

（课中学生的表现与反应，练习是否流畅）

五年级 | 第三课

<起动跑>

课时40(分钟)

人数32(人)

场地范围
28(米)x20(米)

教学步骤

1	开始部分	课堂常规	2 分钟
2	开场活动	抢占地盘	10 分钟
3	主体活动	扫雷	10 分钟
4	主体活动	折返接力	15 分钟
5	结束部分		3 分钟

教学设计思路

充分利用场地空间，利用器材辅助进行起动跑练习，每一个活动跑动距离不长，但均强调快速起动，通过形式的变换提高学生参与度，教师辅助分析起动动作中上身与手臂的配合及步幅大小对起动跑的影响。

道具说明

8(个)　8(个)　4 色各 20(个)　20(个)　20(个)　20(个)　20(个)

20(个)

分队背心

课堂常规

开始部分

学生成“通道式”队形两排站立。教师整队，师生问好。教师向学生提问：大家都见过哪几种起跑姿势。通过讲解让学生知道，400米以上（不含400米）的比赛采用站立式起跑，400米以下（含400米）的比赛采用蹲踞式起跑。教师介绍本课任务，并强调起跑环节的重要性。

抢占地盘 开场活动

教学目标

在活动中把学生的反应练习与快速跑结合在一起，增加练习的趣味性。

练习方法

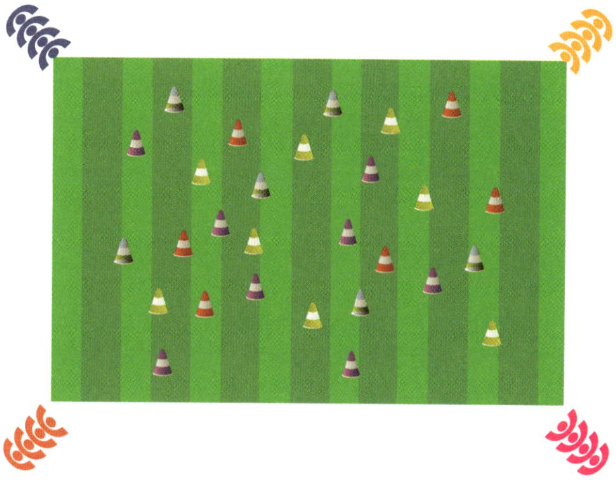

❶ 场地为20米X20米的正方形，在场地内散点码放四种颜色的标志桶，每个颜色的标志桶数量均为10个，在场地的四个角上设置四个起点；

❷ 将学生平均分成四组，分别穿四种颜色的分队背心，站在四个起点处，且每组起点处放置与本组颜色相同的10个标志盘；

❸ 活动开始后，每组第一名学生快速拿起一个标志盘跑向场地中，将手里的标志盘盖在与本组颜色相同的标志桶上，盖好后快速返回与下一名学生击掌接力；

❹ 最先将所有标志盘盖在标志桶上的组获胜。

执行要素

练习要求

1. 标志盘每人一次只能拿一个；
2. 学生快速跑到标志桶处时，须在场地中间躲闪标志桶，不得挪动标志桶或撞到标志桶，若碰到将取消本次机会；
3. 放置标志盘时，必须将其扣在标志桶尖儿上，保证标志盘不掉落。

注意事项

1. 在场地间跑动时注意不要踩到标志盘；
2. 若采用变量活动，在摘取别人的标志盘时，必须将标志盘正面向上放置于标志桶的一侧，不可随地乱扔。

难度与变量

1. 根据学生的具体情况设置场地内的标志桶数量与间距；
2. 根据情况，在所有人都完成盖标志盘的任务时，可再加入摘取别人的标志盘，摘掉别人的标志盘后，将他人的标志盘放置于地上，在规定时间内哪组标志盘处于标志桶上的数量最多则为胜。

执行分享与要点提示

1. 活动前教师须将要求讲清楚，活动期间尽可能不打断学生的练习；
2. 用示范辅助讲解，尤其是在增加变量时；
3. 活动执行中，教师的位置要随时移动，保证标志桶与标志盘的位置不挪动。

扫雷

主体活动

教学目标

利用多颜色的标志盘进行不规则的快速跑练习，将枯燥乏味的练习变得更有趣。

练习方法

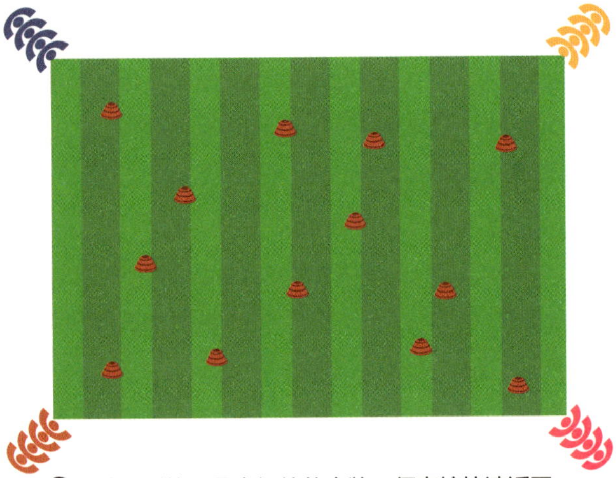

❶ 将学生平均分成四组，每组对应扑克牌的一种花色；

❷ 队形同上，将场地内的所有标志桶撤回，将40个标志盘散放于场地中间，让学生将与人数相等的扑克牌随意放置在标志盘下，每个盘下只放置一张扑克牌；

❸ 活动开始后，每组第一名学生快速跑到场地内，随意翻开一个标志盘，若翻到本组花色对应的扑克牌时，将标志盘和扑克牌一并带回本组，下一名学生再出发；

❹ 若翻到的不是本组的扑克牌，须直接快速返回，下一名学生出发；若翻到“大王”“小王”的扑克牌所代表的“地雷”时，须爬行回到本队与下一名学生进行交接；

❺ 最终将标志盘全部带回的组获胜。

执行要素

练习要求

❶ 每次每组出发一人，每人只可翻一个标志盘；

❷ 标志盘没翻中本组花色时，必须原样放回。

注意事项

❶ 提醒学生注意观察脚下，避免踩到标志物滑倒；

❷ 布置场地可由学生代表完成，随意将扑克牌放置在标志盘内，一盘一牌。

难度与变量

❶ 根据学生具体情况调整标志盘数量以及标志盘间的间距；

❷ 增加“地雷”牌的数量或改变返回时的肢体动作。

执行分享与要点提示

❶ 教师在执行中随学生跑动方向及时跟进，增加激励语言与及时保护动作；

❷ 拍手接力要轻拍，不可过重拍打。

折返接力 主体活动

教学目标

将各种运动项目的器材和要求融入快速跑赛中，提高学生练习兴趣。

练习方法

❶ 将队形调整为四路纵队并站在场地短边一侧的四个起点处；

❷ 每组的队伍右侧设有一个器材放置区，里面有篮球、足球、跳绳；

❸ 活动开始后，每组的第一名学生选一个器材作为工具，（足球——脚运球、篮球——手运球、跳绳——行进间跳绳）。选择好工具后快速按照要求到达场地中点，将器材放入中点的呼啦圈后快速跑至折返点，再回到场地中点拿起器材按照动作要求回到起点，将器材放下与下一名学生击掌接力；

❹ 最终完成所有器材运输且回到本组队伍最快的组获胜。

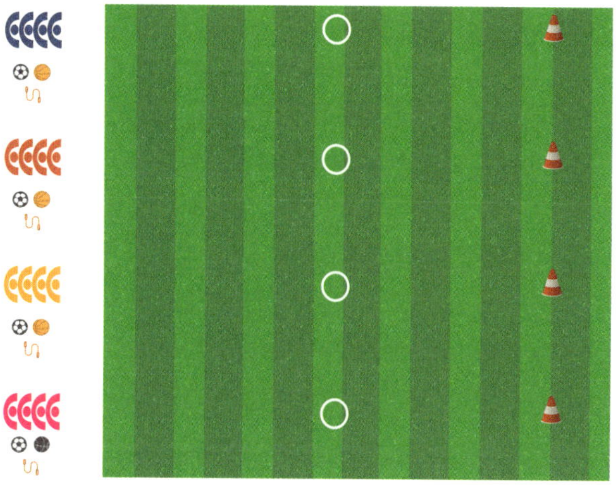

执行要素

练习要求

❶ 每组的器材相同，对于器材运输的顺序不做要求，组内可自行商量选择；

❷ 在行进过程中若失误，原地整理继续前进；

❸ 行进过程中要注意动作的规范性，不要只求速度。

注意事项

❶ 保证地面平整无杂物；

❷ 加强器材管理，注意散落的器材即时归位。

难度与变量

❶ 可根据学生的实际情况调整折返点的距离；

❷ 可调整使用器材的难度或动作难度，如曲线前进等。

执行分享与要点提示

❶ 教师在执行中尽可能随学生跑动方向及时跟进，增加激励语言与及时保护动作；

❷ 拍手接力要轻，不可过重拍打。

结束部分

结束部分

整理活动

学生成“通道式”队列，两人一组，坐在地上进行牵拉与静力拉伸。

分享与引导

① 教师可根据学生在“折返接力”游戏中的不同运动项目的选择对其进行提问。例如，在进行折返接力游戏时有乒乓球，足球，篮球和袋鼠跳，你们组有没有进行任务分配？是如何分配的？你擅长足球运球，但是有的学生比你更擅长，你会怎么做？

② 课后可相互分享各种起动跑中的经验以及完成活动过程中所发现的故事；

③ 本课可将难度与变量加入后拆分为两次实践课。

课后记录

（课中学生的表现与反应，练习是否流畅）

< 阻力跑 >

课时40(分钟)

人数32(人)

场地范围
28(米)x15(米)

教学步骤

1	开始部分	课堂常规	2 分钟
2	开场活动	阻力跑	10 分钟
3	主体活动	金三角	10 分钟
4	主体活动	圆规画圆	15 分钟
5	结束部分		3 分钟

教学设计思路

从开场的阻力跑介入，让学生更快地进入教材内容，以锻炼躯干与下肢力量为主要练习指导方向。个人阻力跑活动培养学生勇于克服困难的精神，团队阻力跑活动培养学生相互配合完成任务的品质。

道具说明

若干　32(个)　12(根)

分队背心

课堂常规

开始部分

学生成“通道式”队形两排站立。
教师整队，师生问好。
教师介绍本课任务，对学生进行安全教育，阻力跑是给予练习者适当的阻力，不能夸大阻力或者突然撤销阻力，培养学生的责任意识，并对彼此的安全负责。

阻力跑

开场活动

扫码看视频

教学目标

改变常规跑步形式，在开场就让学生体验阻力跑，快速进入本节课的主题。

练习方法

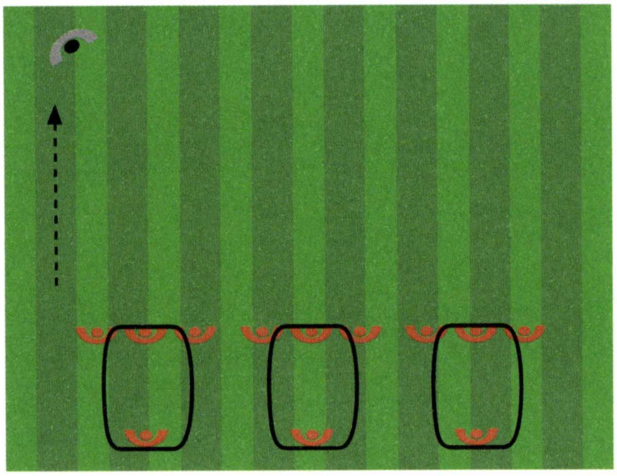

1. 将学生分为四人一组，每组拿一根皮筋，四名学生站在皮筋里面，三人站在皮筋的前端，一人站在皮筋的后端，在场地一端准备；
2. 活动开始后，三人拉着一人跑，三人做匀速跑，另一人做被动跑；
3. 到达场地另一端折返回到起点，相互轮换位置，直到每个人都做一次被动跑者；
4. 要进行直线跑，在皮筋前端的学生要控制好跑动方向。

执行要素

练习要求

1. 根据教师提出的具体要求前进，控制好速度；
2. 每个人都要充当一次被动跑者，重心向后，加大阻力；
3. 到达场地的另一端方可折返；
4. 皮筋始终拉直，不能掉落。

注意事项

1. 教师哨声的控制要得当；
2. 在折返点的位置，注意不要与其他组发生冲撞现象；
3. 各组之间保持适当的间距；
4. 本练习为体验练习，不竞速、不比赛。

难度与变量

两个人在皮筋前端，另两个人在皮筋的后端，加大阻力，提高难度。

执行分享与要点提示

1. 在学生进行阻力跑时，可以加入音乐，调动学生的参与动力；
2. 活动前讲解在皮筋前端的学生要身体前倾，克服阻力，而后面的学生则需要身体稍后倾，增加阻力；
3. 时刻提醒学生，控制好角度，不要过于后倾，作为开场活动，主要是让学生体验阻力的感觉和达到热身的效果即可；
4. 分组要均衡分配，让体重相当的学生在一个组。

金三角

主体活动

扫码看视频

教学目标

利用皮筋进行相互之间的阻力对抗，在提高阻力跑能力的同时培养学生克服困难的精神。

练习方法

❶ 将学生分为三人一组，并都站在皮筋里面支成三角形，每个人手持3个敏捷环，正对面有一个标志桶，将皮筋拉直等待；

❷ 活动开始后，学生需要克服相互之间的阻力，向自己正对面的标志桶前进，然后将敏捷环套在标志桶上，每次只能套一个；

❸ 最先将自己的敏捷环套完的学生获胜。

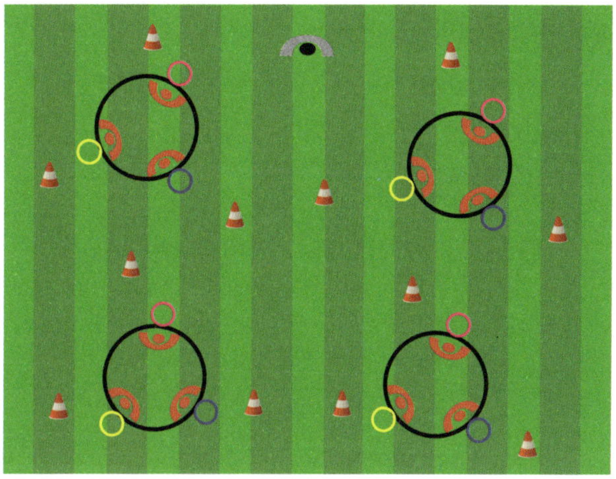

执行要素

练习要求

1. 按照教师提出的具体要求进行练习；
2. 每次到达标志桶时只能套一个敏捷环，掉落在外面的，需要捡起重新套；
3. 不能向前扔敏捷环，要到达标志桶位置将其套入。

注意事项

1. 所有的学生都需要身体稍前倾，但不要过度前倾，以免失去重心；
2. 提醒学生时刻保持身体紧张状态，不要突然停止发力，以免出现摔倒的现象；
3. 组内学生之间要相互交流，最先完成任务的学生要马上反馈并逐渐收力。

难度与变量

1. 将三个人扩充到四个人，增加一个方向的阻力，让学生克服多方向的阻力，加强阻力跑练习；
2. 加大学生到标志桶之间的距离，加强练习的强度；
3. 可在套完手中的敏捷环后再要求逐个收起；
4. 可在地上摆放敏捷环，学生手中持标志盘或纸团进行环内摆放。

执行分享与要点提示

1. 练习时需强调跑动时的摆臂动作，辅助行进；
2. 在进行“金三角”练习时，针对力量小的学生可以调整他的搭档，或者缩短标志桶到这名学生之间的距离；
3. 鼓励学生之间的配合，引导其同心协力，共同克服困难完成任务。

圆规画圆

主体活动

扫码看视频

教学目标

将个人活动过渡到团队活动，培养学生之间相互扶持，共同前进的决心。

练习方法

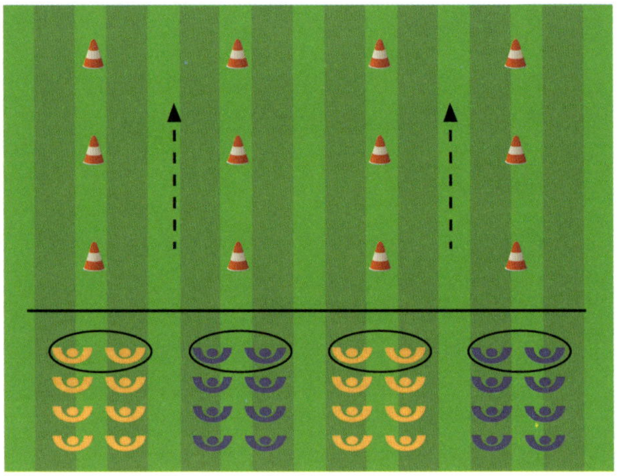

1. 将学生平均分成四组，每组两两结合，每组的前两名学生，站在皮筋内部；
2. 活动开始后，每组的前两名学生平行跑步出发，需将皮筋拉直，到达一个标志桶后，以一名学生为圆心，另一名学生围绕着圆心画圆，然后再到下一个标志桶；
3. 到达折返点后以相同的方式返回，将皮筋交给后两名学生，以接力的形式完成任务，最先完成的组获胜。

执行要素

练习要求

1. 按照教师要求的游戏规则进行；
2. 在行进过程中认真听教师的哨声；
3. 皮筋始终要拉直；
4. 绕过最后一个标志桶后以相同的方式返回。

注意事项

1. 前面的学生出发，后面的学生不能推；
2. 可将皮筋对折以减少弹性，或用短绳进行练习，避免因发力不同导致所“画”出圆的大小不同，跑动距离也不同；
3. 保持好组与组之间的间距。

难度与变量

1. 根据学生的能力增减皮筋的弹力程度和标志桶的数量，从而区别完成活动的难易；
2. 可在每个标志桶的四周摆放标志盘，要求画圆时依次捡回。

执行分享与要点提示

1. 在进行“圆规画圆”时，可将皮筋对折，无须将皮筋拉得过长；
2. 在进行“圆规画圆”时，鼓励学生每个人都体验一次当圆心和圆规，不同的角色不同的发力点，最后引导学生说出两个角色的区别是什么。
3. 鼓励学生之间的配合，引导其同心协力、克服困难、完成任务。

结束部分

结束部分

整理活动

① 学生站成一个圆，双手搭在左右两人的肩上，同时做体前屈；
② 学生站成一个圆，双腿分开，左、右脚分别与相邻人的左、右脚相连。所有人同时为左侧的学生系鞋带，然后所有人同时为右侧的学生系鞋带；
③ 学生全体向右转，拍打前一名学生的背部。

分享与引导

① 教师提问学生：适当的阻力是让我们变得更强大还是变得更弱？
② 引导学生，即使是阻力，其实也是与你相扶持的，两个人带着皮筋前进，适当的阻力能促使我们变得更强大。要努力战胜自己的对手，同样也需要保护好自己的对手，达到双赢局面，实现共同进步。

课后记录

（课中学生的表现与反应，练习是否流畅）

PRIMARY SCHOOL **RUNNING CURRICULUM**

六年级　通过体验、提高、认知，以及引导自我评价与监督，继续加大跑步距离，对跑步中其他技术进行学习与体验。

< 接力跑 >

课时 40(分钟)

人数 32(人)

场地范围
28(米)x15(米)

教学步骤

1	开始部分	课堂常规	2 分钟
2	开场活动	十字接力跑	10 分钟
3	主体活动	下压式传接棒	10 分钟
4	主体活动	环形接力跑	15 分钟
5	结束部分		3 分钟

教学设计思路

学习接力比赛中下压式传接棒的方法，并通过传接棒的游戏和竞赛，使学生了解传接棒的其他方法，使学生能在不同接力活动中灵活选择应用。

道具说明

4(个)　4(个)　20(个)

分队背心

课堂常规

开始部分

学生按图分组站队。
教师组织学生做原地准备活动和拉伸活动，然后讲解十字接力跑的方法和要求。

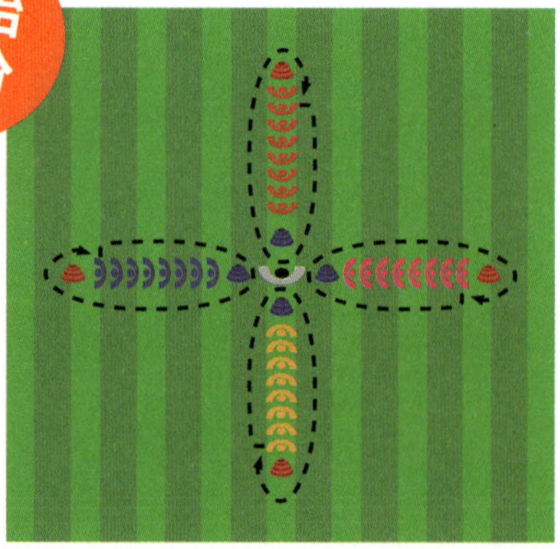

十字接力跑

开场活动

扫码看视频

教学目标

学生体验使用接力棒进行接力跑，为学习下压式传接棒的接力跑做准备。

练习方法

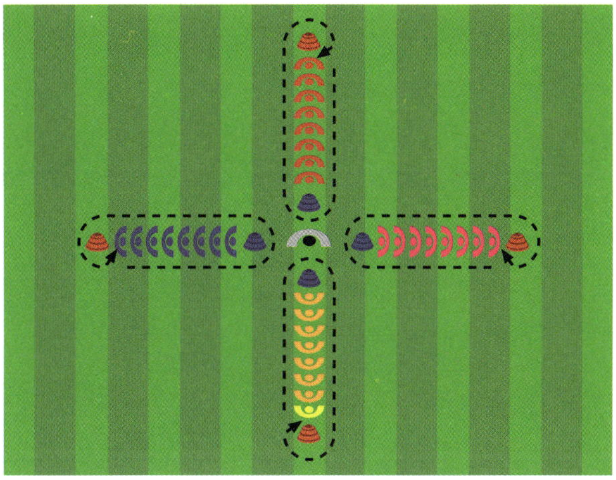

1. 场地内分别码放4个蓝色标志盘和4个红色标志盘，各组的红色标志盘与蓝色标志盘间的距离是15米；
2. 将学生平均分成四组，每组学生站成一路纵队于红色和蓝色标志盘之间；
3. 教师组织学生面向蓝色标志盘成一路纵队，将接力棒发给各组的排尾；
4. 学生听到出发口令，各组排尾绕过本组的红色标志盘再绕过蓝色标志盘跑回自己的位置，将接力棒传给本组的前一名学生，以此方式依次接力，直至本组所有学生都完成接力；最先完成的小组获胜。

执行要素

练习要求

1. 学生要按照规定的路线进行接力跑，从自己的左手边出发，右手边返回，并与下一名学生接力；
2. 接力时，接力棒必须用“手递手”方式完成传接。

注意事项

1. 活动开始前教师要讲清方法并规定学生的跑步路线，可以给1~2分钟准备和体验时间；
2. 标志盘之间的距离不可过近，避免学生在绕环时发生冲撞。

难度与变量

1. 改变小组红色标志盘和蓝色标志盘之间的距离；
2. 改变学生接力跑时所用的动作；
3. 改变接力方式，对接力方式进行限定；

执行分享与要点提示

1. 布置场地时一定要注意标志盘间的距离；
2. 教师讲解和示范前，先将学生队伍调整好，方便讲解和学生理解。不要先把接力棒发到学生手上，这样会分散学生的注意力；
3. 活动结束，教师可以和学生分享接力过程中他们是用怎样的动作完成接力的？为什么会用这种接力方式？

下压式传接棒

主体活动

教学目标

学习下压式传接棒方法。

练习方法

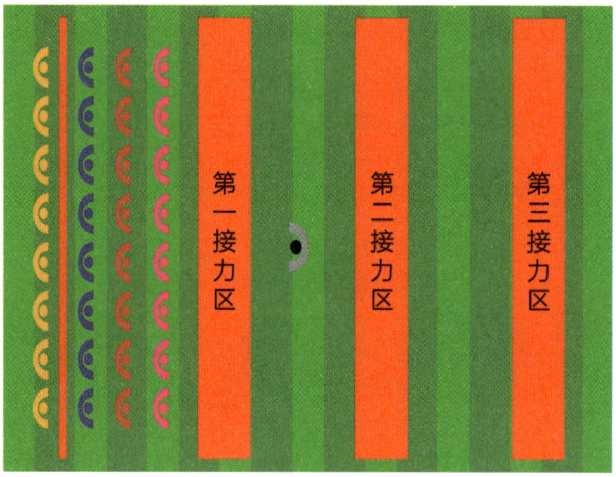

1. 学生在矩形场地的短边一侧成体操队形；
2. 教师讲解、示范下压式传接棒的方法；
3. 组织1、3组学生拿传接棒，与2、4组学生练习原地的传接棒动作，每人练习10次；
4. 教师讲解接力棒次和接力区，组织学生4人排成一路纵队，每队用一根接力棒进行慢走和慢跑的传接棒练习2~3次；
5. 组织学生在接力区，练习2~3次，并组织竞赛。

执行要素

练习要求

1. 第一棒学生右手持棒；第二棒学生左手交接棒；第三棒学生右手交接棒；第四棒学生左手接棒；
2. 学生可根据自己的棒次选择用哪只手持棒和交接棒。

注意事项

在接力过程中注意错位站立，避免发生冲撞。

难度与变量

如果有田径场地，教师可以让学生环绕场地熟悉接力区，并把接力竞赛安排在田径场地内。

执行分享与要点提示

下压式传接棒的教学要分步骤，先讲清传接棒的手型，再通过原地练习和慢—快速的行进间练习使学生熟悉传、接动作，传接动作熟练后再进行有接力区的讲解和体验。

环形接力跑 主体活动

教学目标

加强下压式传接棒接力的学习，增加活动的趣味性。

练习方法

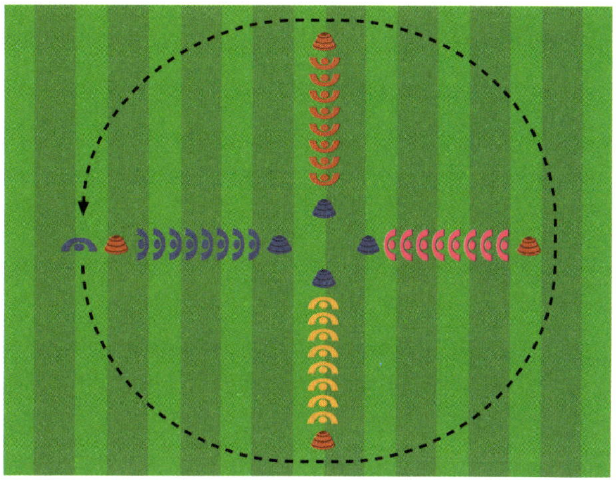

1. 场地为边长20米，宽15米的长方形，在场地中央用4个红色标志盘摆出直径2米的圆，再用4个红色标志盘摆出一个直径8米的圆；
2. 将学生平均分成4组，成一路纵队，分别站在蓝色标志盘与红色标志盘之间，最后一名学生手拿接力棒；
3. 活动开始后，学生跑步出发，按照顺时针方向跑动，绕过所有红色标志盘后，跑回出发位置，将接力棒交给下一名学生；
4. 小组内所有人完成一种方式的接力。该练习进行三次（上挑式、下压式、立棒式交接棒各进行一次），每次练习之间间歇2分钟；
5. 以此方式，直至本组所有学生完成接力。

执行要素

练习要求

准备接棒的学生要在本组红色标识盘的外侧做准备，学生必须绕红色标志盘的外侧进行跑动。

注意事项

学生要按规定的路线和传接棒方法完成练习和竞赛。

难度与变量

1. 改变小组红色标志盘和蓝色标志盘之间的距离；
2. 改变学生接力跑时所用的动作；
3. 改变接力方式，对接力方式进行限定；

执行分享与要点提示

环形接力跑前，特别提示学生跑动路线、接力等待位置，以及完成后的活动区域。

结束部分

结束部分

整理活动

教师组织学生两人一组，一名学生躺在地面，另一名学生对其进行上、下肢的按摩放松。2分钟后两人交换。

分享与引导

① 将所授动作技术做出合理地分解，在教学过程中合理地安排教学顺序有利于学生更好地理解和接受；
② 教学场地的合理安排和组织可以保障教学更有序地开展；
③ 教师提问学生：接力跑共有三种传接棒方法，同学们能在不同的接力跑中合理地应用吗？

课后记录

（课中学生的表现与反应，练习是否流畅）

< 间歇跑 >

教学步骤

1	开始部分	课堂常规	2 分钟
2	开场活动	柔韧性练习	10 分钟
3	主体活动	200 米测试	10 分钟
4	主体活动	间歇跑	15 分钟
5	结束部分		3 分钟

课时40(分钟)

人数32(人)

场地范围

28(米)x15(米)

教学设计思路

通过教师引导，学生对自身的跑步能力做出评估，并通过实践活动进行反馈，引发学生对于体能合理分配的思考，通过间歇跑提高学生的速度耐力。

道具说明

1(个) 32(个)

分队背心

课堂常规

开始部分

学生按图示站队。

教师特别强调，开场活动时要尽力模仿教师动作，按要求把身体各部位活动开。

柔韧性练习 开场活动

教学目标

充分热身，为主体活动做准备。

练习方法

❶ 将学生平均分成四组；
❷ 带领学生在主体活动场地做慢跑练习；
❸ 组织学生成体操队形做柔韧练习：教师示范、讲解每一个动作，并带领学生完成由分解到完整的动作练习。每个动作教师带领完成1次，学生自主完成1次，练习距离30米；
行进间正踢腿：身体正直，膝关节不弯曲，脚尖上翘，踢腿方向与前进方向一致；
行进间内收腿：腿从外侧向内摆动，腿伸直，不屈膝；
行进间外展踢腿：腿从正前方向外侧摆动，腿伸直，不屈膝；
行进间后踢腿：腰部放松，腿尽量向后上方踢出；
❹ 组织学生活动膝关节和踝关节。

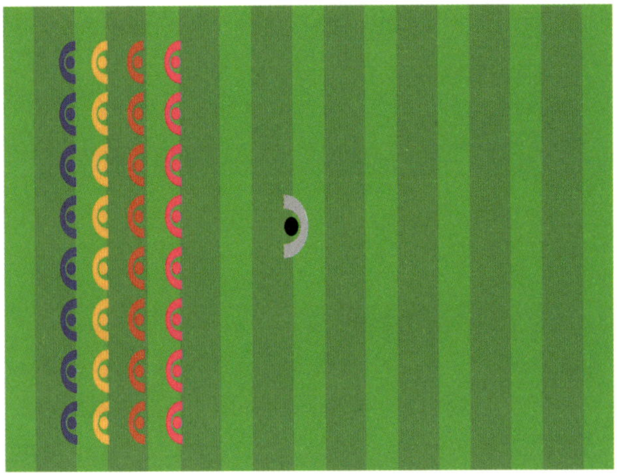

练习动作图示

执行要素

练习要求

学生在教师的带领下认真、充分地做热身活动。

注意事项

柔韧性的行进间练习时，教师要时刻关注、调整学生之间的安全练习距离。规定返回路线，让练习完的学生从练习场地的外侧返回，避免干扰到正在练习的学生。

难度与变量

教师可以将慢跑和柔韧练习相结合，做行进间的热身活动。

执行分享与要点提示

❶ 此部分的活动一定要具备针对性，不建议用游戏性质的活动；
❷ 柔韧性的练习只给教师作参考，教师也可用自己的练习方法带领学生做准备活动。

200米测试 主体活动

教学目标

测试200米成绩，为间歇跑的配速做准备。

练习方法

❶ 教师将学生进行分组并讲解测试要求；
❷ 教师给每一组发令，每组结束后，教师报给学生总成绩；
❸ 四组都结束后，教师组织学生按照自己刚跑完的200米成绩估算自己用70%速度的成绩。

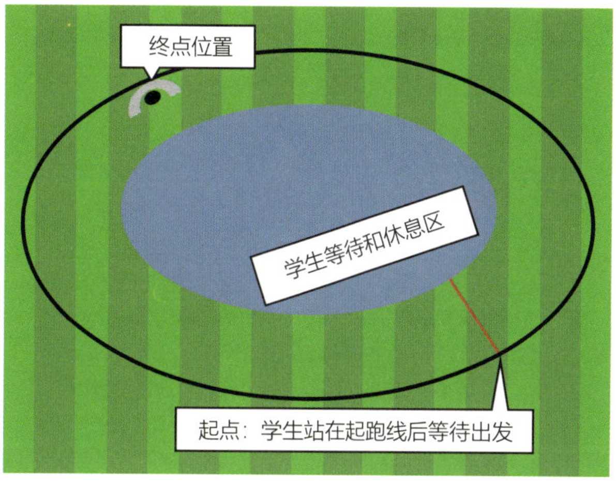

执行要素

练习要求

200米的跑动距离，要求学生全程不允许走，要用自己全力速度完成。

注意事项

❶ 测试开始前，教师要先讲清要求和测试目的；
❷ 每组的人数不宜过多，以便记录每个人的成绩。

难度与变量

根据学生情况和课时，可再体验70%跑速的身体感觉，体会步幅及步频与全速跑的区别，教师应分阶段提醒学生时间，控制跑速。

执行分享与要点提示

❶ 测试跑要与间歇跑相隔至少15分钟；
❷ 活动过程中，观察学生的面色及出汗状况等行为，一旦发现学生有危险状况，及时让其进行调整；
❸ 跑动结束，提示适量补水。

间歇跑 主体活动

教学目标

通过间歇跑，提高学生速度耐力的能力。

练习方法

❶ 教师向学生讲解练习方法：每名学生要跑4个200米，每次用时要求在自己所算出的70%速度成绩以内完成，每个200米之间休息1分钟；

❷ 教师给每个通过终点的学生报时，并让学生在跑完4个200米后做自我小结，成绩落差大不大？是否完成了4个200米跑的任务？没完成的原因是什么？

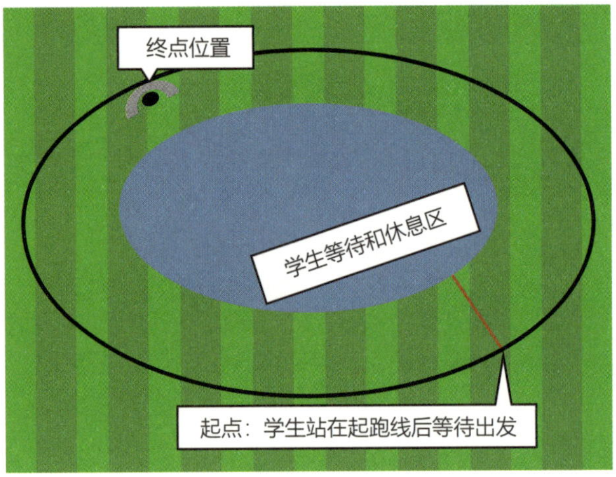

执行要素

练习要求

❶ 学生在每组练习中都要尽最大的努力按照测算好的速度进行练习；

❷ 学生在休息时要尽量保持安静，保存体力。

注意事项

❶ 教师提示学生要尽力按照自己预算的速度跑，努力将4个200米的成绩跑均匀；

❷ 间歇跑是对学生的心理挑战，教师多给予学生鼓励，帮助学生挑战自我。

难度与变量

课前应根据学生群体的具体情况制订出不同的完成目标，执行分层教学，每一个200米跑完成后可调整出发顺序，让跑速控制较好的学生分散到各组作为其他学生的参考。

执行分享与要点提示

❶ 测试跑要与间歇跑相隔至少15分钟；

❷ 活动过程中，观察学生的面色及出汗状况等行为，一旦发现学生有危险状况，及时让其进行调整；

❸ 跑动结束，提示适量补水。

结束部分

结束部分

整理活动

① 教师组织学生两人一组进行放松，负责放松的学生用自己的脚弓给放松的学生进行踩腿放松，重点部位是臀部肌肉、大腿前后肌肉群，小腿后侧肌肉群。2分钟后两名学生相互交换；
② 踩腿时要脱鞋，并注意力度。

分享与引导

① 间歇训练法对提高中长跑学生的成绩起着非常重要的作用；
② 间歇跑能有效发展学生的速度耐力及冲刺能力；
③ 变换距离间歇训练法能发展运动员的多项竞技能力；
④ 实际运用间歇训练法时，要注意：间歇时间、间歇方式、训练强度、训练距离、重复次（组）数等因素，以及提高训练的效果。

课后记录

（课中学生的表现与反应，练习是否流畅）

<定时耐力跑>

课时40(分钟)

人数32(人)

场地范围

28(米)x15(米)

教学步骤

1	开始部分	课堂常规	2 分钟
2	开场活动	跑的素质练习	10 分钟
3	主体活动	行进间练习	10 分钟
4	主体活动	定时跑	15 分钟
5	结束部分		3 分钟

教学设计思路

在不要求跑动距离的情况下尽量减少学生跑前的“恐惧感”，跑动过程中通过激励促使学生更长的跑动距离。在跑动中体会“极点”的出现并在教师的提示下做出合理的应对。

道具说明

1(个)

分队背心

课堂常规

开始部分

学生按图示站队。

教师特别强调，开场活动时要尽力模仿教师动作，按要求把动作做到位。

跑的素质练习 开场活动

教学目标

通过各种跑的练习，提高学生跑的专项素质，为后续主体活动做铺垫。

练习方法

❶ 矩形场地设置起点和终点线，两线相距25米；将学生平均分成4组，每组站成一路纵队于起点线后；

❷ 学生模仿教师规定的5种跑的动作，做行进间的练习，每个练习动作做1次即可。

后踢跑：向前跑的过程中，脚跟尽量触及自己的臀部；

前踢跑：跑的过程中膝关节不弯曲做向前踢腿；

倒退跑：学生背向跑的方向站立，听哨声从起点出发，倒退着跑向终点线；

侧身跑：学生面向跑的方向转体90°站立，听哨声从起点线出发侧身跑（并步、交叉步都可以）；

高抬腿跑：向前跑的过程中抬起的大腿与躯干成90°，小腿与大腿成90°，脚面与小腿成90°；支撑腿膝盖部弯曲，支撑脚前脚掌着地。

执行要素

练习要求

学生听教师哨声出发，保持安全的练习距离，返回起点时要从练习通道的两侧走回，避免干扰练习中的学生。

注意事项

❶ 练习开始前，教师要先做示范，讲清练习和归队等要求；

❷ 每一组练习之间要给学生至少1分钟的休息时间。

难度与变量

教师可以更改跑的方式，也可加入一些趣味条件。

执行分享与要点提示

❶ 教师在跑的方式上可以进行多种尝试，改变队形，通过增加手持物这些简单的方式提升学生的练习兴趣；

❷ 活动前一定要强调学生的练习路线和返回路线，避免学生发生相互冲撞的情况。

行进间练习 主体活动

教学目标

通过柔韧性练习和协调性练习为定时跑做充分准备。

练习方法

❶ 矩形场地设置起点和终点线，两线相距25米；

❷ 将学生平均分成四组，每组站成一列横队于起点线后；

❸ 学生模仿教师的示范动作做行进间的练习，每个动作完成1次即可。

执行要素

练习要求

学生返回起点时不要干扰练习中的学生。

注意事项

柔韧性和协调性的练习要以活动肌肉和韧带为主，不要运动量过大。

难度与变量

教师规定柔韧性和协调性的相关练习内容即可。

执行分享与要点提示

行进间练习的主要目的是更加充分地准备后续定时跑练习，在动作选择上应以下肢练习及手脚配合练习为主，动作设计应按照由简易难排序，练习中注意强调动作的标准程度而不是动作频度。

定时跑 主体活动

教学目标

进行12分钟跑练习，体验“极点”出现的感觉，了解克服“极点”的方法。

练习方法

❶ 教师按学生长跑能力将水平相近的学生分在一组，平均分成2~4组；

❷ 向学生讲解12分钟定时跑的要求及练习方法；学生尽自己的努力去完成最长的距离；

❸ 活动开始后，教师要不断对学生进行鼓励，并有阶段性地告知跑步用时。

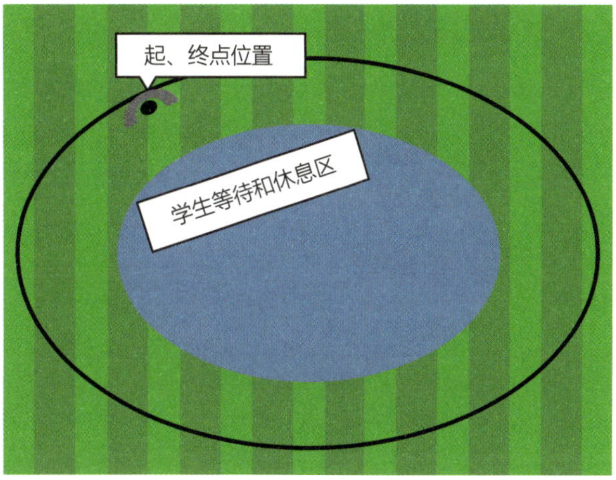

执行要素

练习要求

学生在规定的跑步时间内尽量不要走步，分配好自己体力，尽最大努力完成最长的距离。

注意事项

❶ 教师可将学生分两组，不在跑道上测试的学生为测试中的学生鼓励和服务；

❷ 活动过程中，观察学生的面色及出汗状况等，一旦发现学生有不舒服状况及时让其进行调整；

❸ 学生休息时，教师提示适量补水。

难度与变量

❶ 若无田径场地，采用可测量跑动距离的场地。标准篮球场沿边线跑动一周约80~85米；

❷ 根据学生整体情况规定跑动时间。

执行分享与要点提示

❶ 耐久跑的过程中需要学生有较高的意志品质，教师要多用语言进行激励，并带动未练习的学生一起为练习中的学生鼓励；

❷ 教师还可以播放一些带有节奏感或激励人心的音乐以帮助学生克服“极点”；

❸ 引导学生补水要少量多次。

结束部分

结束部分

整理活动

教师组织学生两人一组进行放松，负责放松的学生用自己的脚弓给同伴进行踩腿放松，重点部位是臀部肌肉、大腿前后肌肉群、小腿后侧肌肉群。两分钟后两名学生相互交换。踩腿时要脱鞋，并注意力度。

分享与引导

① “极点”是进行长跑训练或比赛时在前部分路程中会出现胸部发闷、呼吸困难、心跳过急、肌肉无力、动作变慢或不协调、想停下来走等现象和感觉。这是由于运动开始阶段，内脏器官的活动跟不上运动器官的需要，造成氧供应不足，使大量乳酸和二氧化碳堆积在血液中，这些化学物质变化的刺激引起呼吸循环活动失调，躯体性神经系统和植物性神经系统的兴奋冲动不同步；

② 减轻和克服极点的方法：
长跑前，做好准备活动，以提高中枢神经系统的兴奋性，加强各系统器官的机能活动，克服生理惰性，为长跑做好体力和精神准备。

③ 极点出现后应坚持继续跑下去，这时可以减慢跑速，同时应注意加大呼吸深度，尤其是加深吸气，减少呼吸次数，必要时可以把两手叉在腰间，走一段距离，调整节奏后，不适的感觉就会减轻，沉重的两腿也会轻松。
长跑中出现极点是正常的，对机体没有任何不良影响，经过一段时间长跑练习后就会逐渐适应和克服。

课后记录

（课中学生的表现与反应，练习是否流畅）

六年级 | 第四课

< 合作定距跑 >

课时40(分钟)

人数32(人)

场地范围

28(米)x15(米)

教学步骤

1	开始部分	课堂常规	2 分钟
2	开场活动	携手抓“尾巴”	10 分钟
3	主体活动	定距跑	25 分钟
4	结束部分		3 分钟

教学设计思路

以小组形式完成长距离跑，在有目的地分组与分工状态下，组内成员轮流跑动，共同完成长跑任务，在体会互帮互助的同时达到间歇训练的目的。

道具说明

32(个) 8(个) 10(条)

分队背心

课堂常规

开始部分

学生按图示站队。

教师带领学生做原地准备活动，讲解抓“尾巴”的方法和要求，邀请学生出列在场地内做示范来配合讲解。

携手抓“尾巴”

开场活动

教学目标

通过升级难度的接力跑和混合跑，提高学生的练习兴趣、学生集体意识，为主体活动做铺垫。

练习方法

❶ 设置15米X15米的正方形区域；将学生平均分成两组，每组再平均分成两队；

❷ 每组第一队学生每人发一条丝带，将丝带的三分之一别在自己后腰，作为“尾巴”，“尾巴”不得遮挡；

❸ 活动开始后，每组第一队先进入场地，两人一组手拉手；

❹ 在规定时间内跑动去抓对方身后的“尾巴”，抓到的“尾巴”可以自己拿着，也可以给场外本组的其他学生，凑够两条“尾巴”结对进入场地；

❺ 在场地内“连体”的学生必须保证有一条“尾巴”，失去“尾巴”的学生只能跟随跑不能抢；

❻ “尾巴”作为接力介质，场地内学生可以随时与本组场外的学生进行接力；

❼ 活动结束后，各组计算“尾巴”的数量，多者为胜。此活动三局两胜，每局开展2分钟。每局之间给学生5分钟休息讨论的时间。

执行要素

练习要求

1. 要求学生在活动中不能出现故意推人、撞人等危险动作。如果出现，“尾巴”还给对方；
2. 两人一组必须手拉手跑动，如断开，所抓“尾巴”无效。

注意事项

1. 教师对“尾巴”放在身后的位置做出明确规定，避免学生设法遮挡；
2. 讲清接力的条件，学生必须用“尾巴”作为接力介质，没有“尾巴”的学生就失去抓“尾巴”的资格。

难度与变量

此活动可以通过相连人数来调节难易，也可在场地内增设一些障碍物来增加趣味性。

执行分享与要点提示

1. 教师在活动前需强调在“连体”的时候，相互间要注意配合，照顾同伴；
2. 在自己拿着“尾巴”和“给场外人员尾巴”两个选择中，可以引导学生更多地帮助他人或听取他人意见。

定距跑 主体活动

教学目标

通过多人完成远距离定距跑，让学生体会团队给予自己的力量。帮助学生克服长距离带来的恐惧感。

练习方法

❶ 将学生平均分成十组，每组4人；
❷ 教师向学生讲解练习方法：跑动距离为5公里，每组必须有一人在跑道上跑步，小组其余学生准备接力。团队通过接力的方式完成5公里跑动距离任务即可。最后看哪个组用时最短；
❸ 活动开始前，教师给予各小组时间做接力安排。

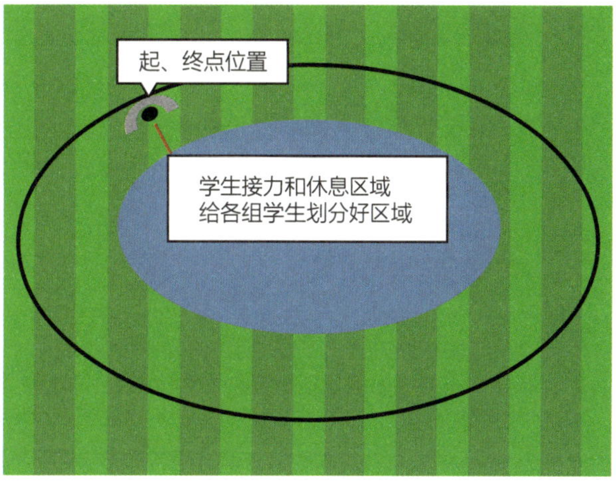

执行要素

练习要求

学生要盯住跑道，只允许每组有一名学生在上面跑。

注意事项

❶ 活动过程中，观察学生的面色及出汗状况等，一旦发现学生有危险状况，及时让其进行调整；
❷ 做好补水的准备。

难度与变量

教师根据学生实际情况定距离，或者在分组人员和人数上做调整。

执行分享与要点提示

❶ 教师可以让学生在课前给自己的小组设计一面队旗，跑动的时候队旗就可以当作接力的介质，以便教师和小组成员观察；
❷ 教师可以给每个组发一张纸，以便让学生记录本组的跑动距离。

结束部分

结束部分

整理部分

教师组织学生两人一组进行放松，负责放松的学生用自己的脚弓给同伴进行踩腿放松，重点部位是臀部肌肉、大腿前后肌肉群、小腿后侧肌肉群。两分钟后两名学生相互交换。踩腿时要脱鞋，并注意力度。

分享与引导

① 了解自己的能力，了解团队的需求，合理分工才可以帮助团队取得胜利。如果逞强，不仅会让自己落入危险境地，还会造成团队不必要的损失。适当地休息是为了更好地前行；

② 长距离并不可怕，有了努力的方向，有了伙伴的陪伴和鼓励，只要脚步不停止，一定会到达终点；

③ 团队取胜，不仅靠个人，也要靠配合。单兵作战能靠良好的个人素质帮助团队取得领先优势，但作为团队来讲，要有集体意识，不能一味地“我认为”。团队的胜利同样离不开每个人的努力，每个人的素质提高了，团队的整体素质也会随之提高。

课后记录

（课中学生的表现与反应，练习是否流畅）

二单元

UNIT 2

游戏化练习活动资源包

PRIMARY SCHOOL **RUNNING CURRICULUM**

旋转火箭筒

所需器材
标志盘、球

难度提示
★★★

扫码看视频

练习方法

1. 场地为长20米、宽15米的长方形，两条短边分别为起点与折返点，在各组起点与折返点间等距离码放四个标志盘；
2. 将学生平均分成四队，每队3个人，这三个人背对背且相互勾住手肘围成圆形，第一组圆圈中间有一颗球，球靠三个人的背部夹住；
3. 游戏开始后，每队第一组以螺旋式转圈法前进，“S”型绕过中间的标志物到达折返点折返回起点，将球交给下一组；
4. 以此类推，最终，以每队完成的时间进行排名。

执行要素

活动要求

1. 应在活动前强调并示范、演练螺旋式前进的方法；
2. 如球在中途掉落，可原地捡起夹住后继续完成。

执行提示

1. 可根据执行状况改变总距离长度；
2. 不强调速度很快，要求学生在途中要照顾队友；
3. 保证场地无杂物、平整，标志盘不能成为危险物。

齿轮追逐

所需器材　难度提示 ★★

练习方法

❶ 将学生分为两组，一组5人围成一个半径为5米的小圆，一组10人在小圆的外面围成一个半径10米的大圆；

❷ 从内圈开始依次报数，每名学生都记住自己的号码；

❸ 游戏开始后，内圈学生按顺时针方向慢跑，外圈学生按逆时针方向慢跑，教师站在圆心，喊出两个号码，号码分别在内圈与外圈。当听到老师喊号码时，其他学生原地不动，对应号码的内圈学生，从自己的位置开始顺时针以“S”型方式绕内圈所有人一圈快速找到外圈刚刚跑走学生的位置，占领其位置；外圈对应号码的学生当听到自己的号码时，快速逆时针围外圈奔跑一圈迅速找到内圈学生的位置并占领；

❹ 两个人同时进行，双方互换位置，最先占领另一个人位置的为得分方；

❺ 输的一方接受老师提出的要求，游戏以此类推，根据每次游戏的时间控制游戏总时长。

执行要素

活动要求

1. 跑动时需强调按照要求跑，尤其外圈学生，跑动时虽在圈的内侧，但要靠近外线跑动，不可抄近路；
2. 最先占领位置的学生举手示意。

执行提示

1. 教师位置要随学生而动，以便学生跌倒摔伤时能及时观察到；
2. 保证场地无杂物、平整，游戏过程中标志盘要随时归位，以免成为危险物。

快速列车

所需器材
标志盘、卡片

难度提示
★★★

练习方法

❶ 场地为长30米、宽20米的长方形，在场地内放置45个写有地点名称的卡片，卡片放在标志盘下，标志盘散放在场内；

❷ 将学生分为四组，每组5人，前后搭肩站，这四列队伍分别站在场地的四条边线上，拟为四列直达快车；

❸ 在游戏开始前，教师会发给每列快车一张地图，地图上分别有五条完整的列车行驶轨迹图，途中标有每条线经过的五站；

❹ 游戏开始后，每列快车根据本组商量后开始进入场地内快速行驶，行驶中找到本组列车经过的五站，且每站顺序要符合，第一名学生拿第一站、第二名学生拿第二站，以此类推；

❺ 行驶中若翻到对应的站名，将卡片取出，将标志盘放回，若翻到的地名不是本列车行驶的地名或者翻到的不是对应的顺序，均要原样放回，继续行驶；

❻ 场地内的卡片数量与地图中的列车行驶站的数量不对等，所以每辆列车要争分夺秒，争取最先完成多条行驶轨迹；

❼ 当场地内卡片剩余数量少于或等于3张时，游戏结束，完成完整行驶线路最多的组获胜。

执行要素

活动要求

① 每组每完成一条完整线路后将所有卡片交予老师，方可继续下一条线路的行驶；

② 在行驶途中两组同时翻到一张卡片时，用“剪刀石头布”来决定。

执行提示

① 卡片应有完整的五条线，多出的五张卡片分别对应五条线路，并多写出一站，加强游戏竞速趣味；

② 活动执行前，教师需请学生一起示范，以确保规则清楚；

③ 游戏中每组列车不可断开，全程双手搭肩。

丛林争夺

所需器材 标志盘

难度提示 ★

扫码看视频

练习方法

1. 场地为长28米、宽15米的长方形，在两个长边的边线前1米位置均匀地横向码放15个标志盘；
2. 学生10人一组分为两组，分别横排散开站在两条长边线后方，两组再各选出5人进入场地内，横排散开站在本组标志盘前方；
3. 游戏开始后，各组已在场地内的学生为战斗人员，要快速地跑到对方的边线拿走他们的标志盘，再快速返回码放在本组边线上，每人每次只可拿走一个标志盘，拿标志盘时其他队员不可进行防守；
4. 站在边线外的队员为替补人员，本组场内学生可随时更换场外人员，但场内人数只可有5人；
5. 规定时间内获得标志盘最多的组获胜。

执行要素

活动要求

1. 应在活动前强调并示范拿标志盘转身折返的动作姿势；
2. 如标志盘在中途掉落可原地拾起后继续完成；
3. 拿回的标志盘必须放在规定位置，不可藏起来。

执行提示

1. 可根据执行状况改变分组人数，尽可能减少学生的滞留时间；
2. 教师要随时监督场上游戏的人数，避免不公平现象发生。

丛林穿梭

所需器材　　难度提示 ★

练习方法

1. 场地为长28米、宽15米的长方形，在短边上设置两条宽2米的通道为捕捉道；
2. 将学生8人或10人一组分为两组，分别横排散开站在两条长边线后方，每组各选出两名学生进入捕捉道，捕捉的学生游戏全程不得离开捕捉通道，站在边线上的学生为穿梭人；
3. 游戏开始后，各组穿梭人要穿过捕捉通道到达对方阵地，捕捉的学生只捕捉对方的穿梭人，一旦穿梭人离开捕捉通道不可再进行追捕，每组每次穿梭人最多可派出5名学生；
4. 两组不可同时开始，一组进行后，另一组才可以进行，被捕到的学生返回本组阵地等待下一次派出；
5. 最终以一组学生全部通过后结束，最先完成的组获胜。

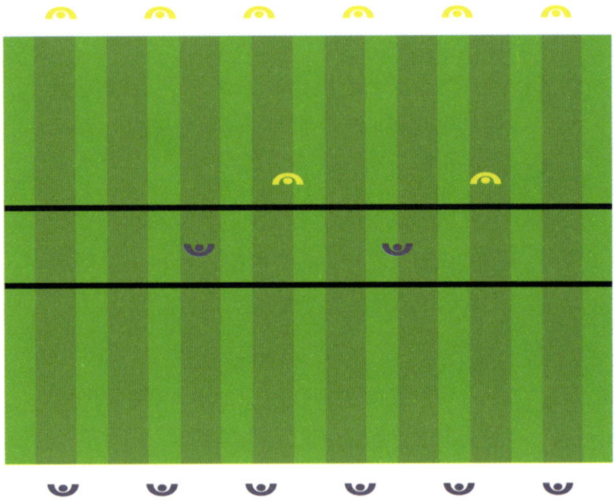

执行要素

活动要求

1. 捕捉过程中只要被拍到即为被捕捉，不可大力拍打；
2. 穿梭成功的学生不可再返回本场进行二次穿梭。

执行提示

1. 可根据执行状况改变捕捉学生人数；
2. 当一组进行游戏时，另一组捕捉学生不参与捕捉，教师在观察中要注意学生安全，以免混乱；
3. 执行前教师可完整示范一遍，以便学生理解。

开心消消乐

所需器材：三种颜色的号码服

难度提示：★★

扫码看视频

练习方法

1. 场地为长30米、宽20米的长方形，将学生平均分成3组，分别穿上三种不同颜色的号码服，再从每个颜色中选出一人当消消者，这3名学生将号码服始终拿在手里；
2. 游戏开始后，其他人在场地内躲闪跑动，三名消消者进入场地，找相同颜色的学生，一旦拍到，这名学生即被原地定住，当消消者定住了三个人时，这三名学生则被消除（淘汰到场外）；
3. 游戏中，当一名学生被定住时，其他学生可以解救，解救方式则为和他牵手跑动（两人并为一人）；若消消者抓到两人组被视为定住两人，再定一人时这三人被淘汰；
4. 游戏以时间为限定或有一种颜色全部被消除为结束。

执行要素

活动要求

1. 应在活动前强调两人牵手跑时的正确动作，避免摔伤；
2. 未被定住的学生不可假装定住，发现即为淘汰。

执行提示

1. 两人牵手的组在游戏过程不能松手，尤其在躲闪时；
2. 保证地面平整无杂物。

拍到你就做

所需器材
标志盘，三种颜色的号码服

难度提示
★

扫码看视频

练习方法

1. 在边长40米X40米的正方形内分出3个10米X10米的小正方形；
2. 将学生平均分成三组，每组再选出一人为第一个拍人者并手持号码服；
3. 游戏开始后，各组在场地内跑动，拍人的学生进入场地内进行拍人，拍到人后被拍者与拍人者互换角色，被拍到什么部位，这名学生则用手捂住该位置进行拍人；
4. 游戏以时间为限定。

执行要素

活动要求

1. 应在活动前强调并示范、演练游戏中的各种跑步姿势；
2. 所需时长可根据场地大小及活动人数而改变；
3. 由于游戏监督性较难，所以应在活动开始前向学生强调安全的重要性。

执行提示

强调能拍的身体部位，避免学生出现刻意或尴尬的行为。

加长林肯

所需器材
标志盘，足球

难度提示
★★

练习方法

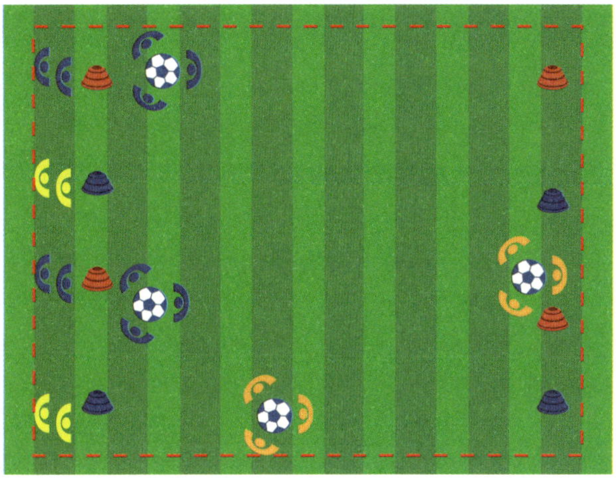

1. 场地为长30米、宽20米的长方形，两短边分别设置起点线和折返线；
2. 将学生平均分成四组，每个小组对应一组标志盘，且每人一个球；
3. 每组前三名学生拉成一个圈，第四名学生手抱球在圆圈内；
4. 游戏开始后圆圈跑动出发，跑到折返线后，手持球的学生将球放到折返线指定位置，放完球后与圆圈合并成为圆圈的第四人快速跑回起点，第五名学生手持球进入圆圈然后同上操作；
5. 最后，所有人都拉到圆圈内且返回起点线的组获胜。

执行要素

活动要求

1. 球在途中掉落时可原地捡起继续进行；
2. 圆圈在途中不能断开，手始终牵在一起，且注意示范圆圈跑时的动作，避免摔伤。

执行提示

可根据执行状况及时调整距离。

花式接力

所需器材
标志盘

难度提示
★★

练习方法

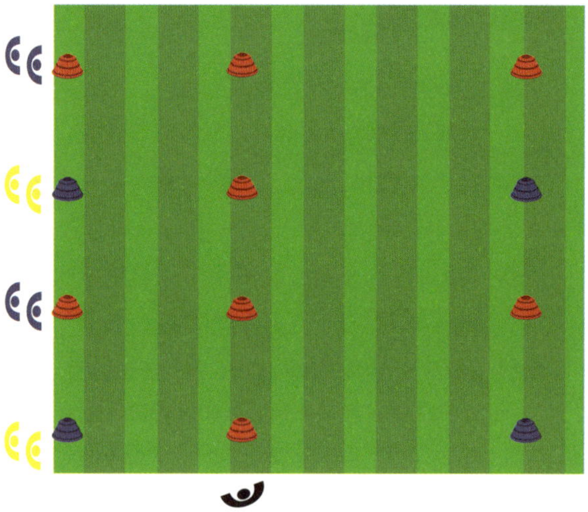

❶ 场地为长20米、宽15米的长方形，短边两端分别为起点与终点，在场地中间设置一条中间线；

❷ 将学生平均分成四组，分别对应本组标志盘成纵队站立；

❸ 游戏开始前，教师会提出5个动作且排好顺序，如兔子跳、鸭子走、背向地爬行、四肢爬行、蚯蚓爬等；

❹ 游戏开始后，每组第一名学生按照要求快速做第一个动作，到达中间线后起立跑向折返线，折返到起点后与下一名学生击掌接力，第二名学生做第二个动作，以同样的方式完成接力，以此类推；

❺ 最终最先完成接力的组获胜。

执行要素

活动要求

❶ 游戏开始前老师要给学生们示范各种跑动姿势；

❷ 学生需按要求动作做到指定位置后才可起立跑动。

执行提示

❶ 可根据执行状况调整场地大小；

❷ 各组人员顺序可自行调节。

会跑的数字

所需器材 标志盘

难度提示 ★★

练习方法

❶ 场地为长30米、宽20米的长方形；

❷ 将学生平均分成两组，分别站在指定起点位置；

❸ 游戏开始后，教师大声喊出一个数字，如“7”，两组迅速派出人员，组成数字“7”的形状，每个数字最少由5人组成，最多不限；

❹ 教师统计每次两组组成数字所用时长，最终算总时长，用时最短的组获胜。

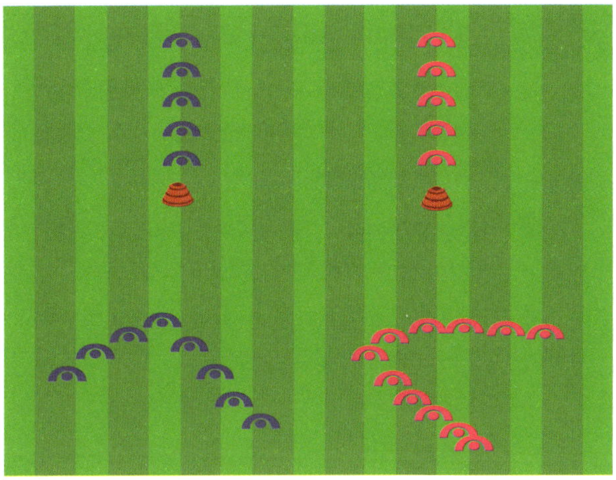

执行要素

活动要求

1. 游戏中各组不参与本次组字的学生需站在指定区域；
2. 每次教师喊完数字后吹哨开始，最长限时为50秒，若超时即按50秒算。

执行提示

1. 教师可根据情况将“数字”换成“文字”，但要注意难度；
2. 要求所有数字中最少有3次是所有人都参与的。

后蹬跑

所需器材 小垫子

难度提示 ★★★

练习方法

1. 矩形场地，设置起点线和终点线，两线相距40米，在两线之间平均横向码放10块小垫子（为一路），共码放4路；
2. 将学生平均分成四组，每组8~10名学生，每组学生站成一路纵队面向一路垫子；
3. 活动开始，每组的第一名学生从起点出发，每遇到一个垫子做一个后蹬跑动作，跑到终点再折返跑回与本组的下一名学生进行接力，直至全组人完成接力；
4. 最先完成的一组获胜。

练习动作图示：

执行要素

活动要求

1. 应在活动前强调并示范、演练后蹬跑的动作；
2. 学生相互击掌才能出发，并注意错位击掌避免冲撞；
3. 后蹬跑动作要清晰地做出蹬地和抬腿动作，下落不能踩垫子；
4. 先做5块垫子的接力赛，再做10块垫子的纠正活动，最后进行40米无垫子的后蹬跑练习。

执行提示

1. 教师一定要在学生正确掌握后蹬跑的基础上再开展小竞赛和练习；
2. 可以让学生先扶墙做原地腾空的弓步动作，帮助学生体会动作要领；
3. 鼓励动作标准的学生为其他学生进行示范，并让学生分享后蹬跑的动作怎样做到能平稳和快速而不是更高的腾空跳跃。

小步快频跑

所需器材
小垫子

难度提示
★★★

扫码看视频

练习方法

❶ 矩形场地，设置起点线和终点线，两线相距40米，10块小垫子为一组呈“之”字码放，共码放4组；

❷ 将学生平均分成四组，每组学生站成一路纵队面向一组垫子；

❸ 活动开始，每组的第一名学生从起点出发，每踩到一个垫子，就在垫子上做5次原地小步快频跑，再用一个蹬跨动作踩向下一个垫子，直至完成本组的所有垫子，跑到终点线后迅速折返跑回起点线与本组下一名学生击掌接力，最先完成的组获胜。

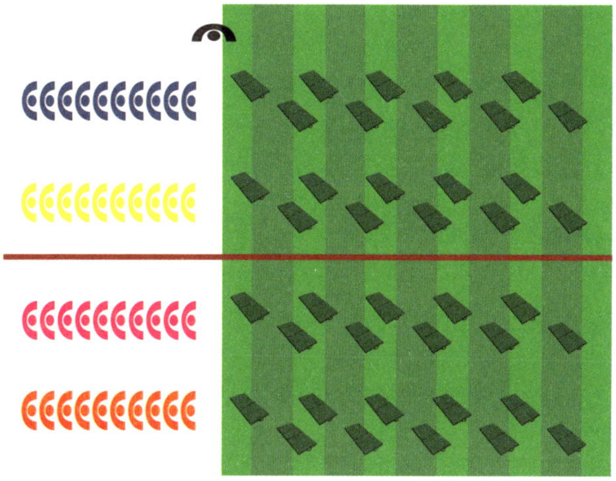

练习动作图示：

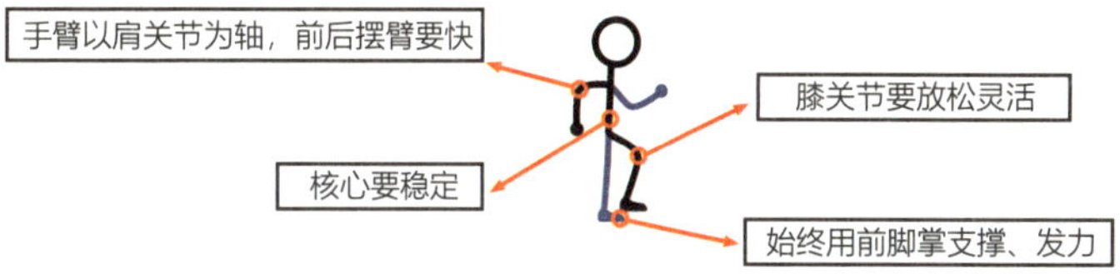

执行要素

活动要求

① 教师先带领学生做原地小步快频跑左右腿各20次x2组；

② 组织学生在无器材场地做小步快频跑练习40米x2组；

③ 最后组织学生在有器材的场地做小步快频跑竞赛40米x3组。

执行提示

① 教师一定要在学生正确掌握小步快频跑的动作的基础上再开展行进间的练习和竞赛；

② 原地动作教学时，教师可以先喊节拍，带领学生做脚不离地的模仿练习；

③ 行进间练习时，教师要引导学生用自己的极限步频进行练习，并在侧面观察学生的动作，按照练习动作图示的要点对学生进行提示与纠正。

弓步前行

所需器材
标志盘

难度提示
★★★

练习方法

❶ 矩形场地，设置起点线和终点线，两线相距20米，20个标志盘为一组呈“之”字码放，共码放4组；

❷ 将学生平均分成四组，每组学生站成一路纵队面向一组垫子；

❸ 活动开始，每组的第一名学生从起点出发，按照标志盘的位置向前做弓步走，每向前的一步都落在自己躯干斜前方的标志盘位置。小组的第一名学生到终点线，再用后蹬跑返回至起点线与本组的第二名学生击掌接力，依次循环进行，直至全组学生完成。

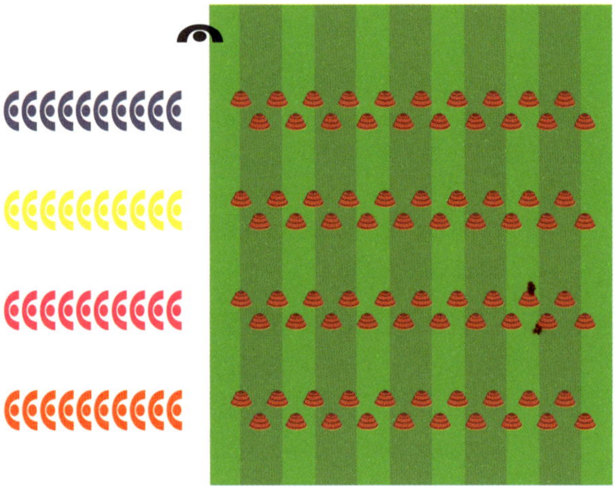

练习动作图示：

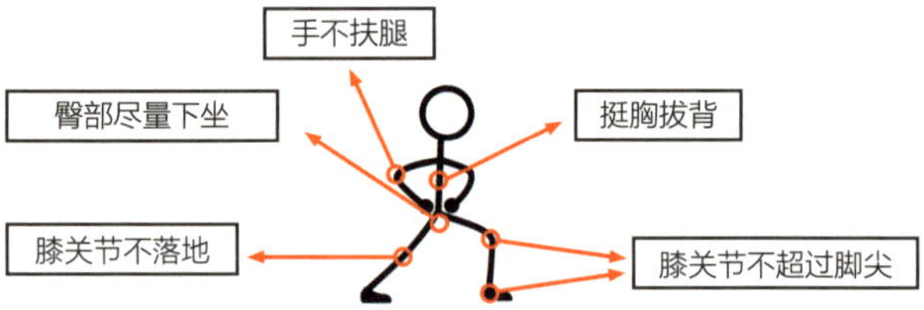

执行要素

活动要求

1. 教师先带领学生做原地的弓步动作，左右腿各5次；
2. 组织学生在无标志盘场地做行进间弓步走20米x2组；
3. 最后组织学生在有标志盘的场地做弓步前行练习20米x3组。

执行提示

1. 教师一定要在学生正确掌握弓步走动作的基础上再开展行进间的练习；
2. 原地动作教学时，教师要对学生的身体姿态进行及时纠正，建立正确的动作意识；
3. 行进间练习时，不做速度竞赛，教师要引导学生用自己尽可能大的步幅进行练习，并在侧面观察学生的动作，按照练习动作图示的要点对学生进行提示与纠正。

马步前行

所需器材 接力棒，足球

难度提示 ★★★

练习方法

1. 矩形场地，设置起点线和终点线，两线相距25米；
2. 将学生平均分成四组，每组学生站成相对应的两路纵队；
3. 活动开始，每组的第一对学生背对背从起点出发，同时以一脚为轴做马步前行，转向面对面时相互传递一次接力棒，转向背对背时同时做一个马步下蹲动作，两人通过此方式前行到达终点线后，将球放在接力棒中间抬着跑回起点线位置与本组的第二对学生接力；第二对学生先将球抬至终点线放在标志盘上，再做马步前行动作回到起点与本组的下一对学生接力，以此接力方式循环进行，全组完成一次接力即结束。

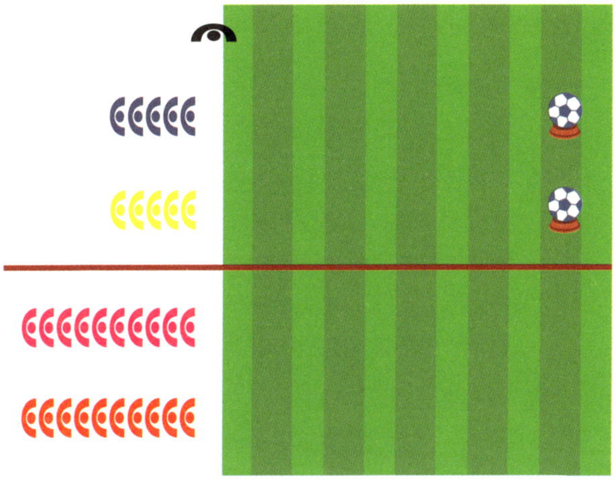

练习动作图示：

动作连贯图示，注意转动时的轴心腿

个人马步前行的连贯动作　　双人马步前行的连贯动作

执行要素

活动要求

1. 教师先带领学生做原地的马步动作5次；
2. 组织学生做单人的马步前行动作25米x2次；
3. 最后组织学生做双人的马步前行动作25米x2次。

执行提示

1. 教师一定要在学生正确掌握马步动作的基础上再开展行进间的练习和游戏；
2. 原地动作教学时，教师要对学生的马步动作进行及时纠正，建立正确动作意识；
3. 个人行进间练习时，教师帮助学生确立轴心腿，为马步前行的双人练习做准备；
4. 双人练习时，如果抬球的过程中，球不慎落地，要停止前行将球放好后再继续。

仰卧传球

所需器材
小垫子，球

难度提示
★★★

扫码看视频

练习方法

❶ 矩形场地内，共码放四组垫子，两人对练如左图码放，小组竞赛如右图码放；

❷ 教师先带领学生在左图的场地做两人一组的仰卧对抛球练习，学生两人一组面对面坐立，持球的学生先做一个仰卧起坐再将球抛给对面的学生，接到球的学生做一个仰卧起坐后将球再抛回，按要求完成教师规定的个数和组数即可；

❸ 学生在右图场地面同统一方向坐成四路，活动开始，各组第一名学生，仰卧起坐将球传给仰卧的学生，每名学生通过仰卧起坐将球传给本组的下一名学生，球被传到队尾后再迅速通过仰卧起坐的方式传回至队首，最先完成的一组获胜。

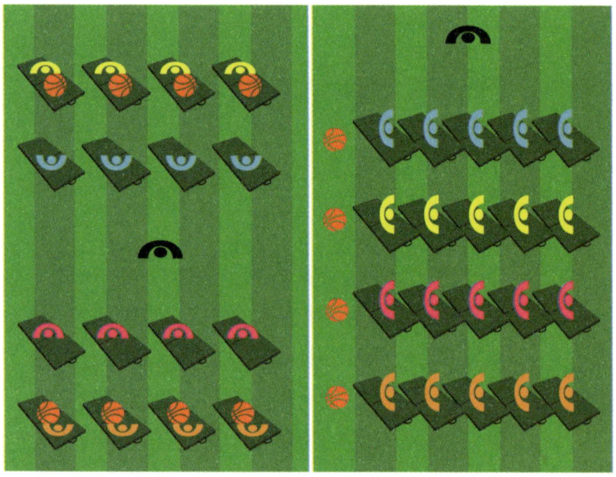

练习动作图示：

两人对抛练习　　　仰卧传球竞赛

执行要素

活动要求

❶ 两人仰卧对抛球练习，对传30个x5组，每组间学生休息40秒；

❷ 仰卧传球小竞赛3组为一轮，比赛进行3轮。

执行提示

❶ 教师先讲解、示范两人一组的对抛球练习，再组织学生练习10个，在学生练习期间教师要对学生动作进行纠正，动作正确后再组织开展两人一组的对练；

❷ 小竞赛预备时，要求学生平躺在垫子上，并调节好前后距离，球在传递过程中必须是手递手的传递，若球不慎掉落，由失手的学生迅速捡回调整好后再继续。

敏捷梯练习 1

所需器材
敏捷梯

难度提示
★★★

扫码看视频

练习方法

1. 矩形场地内，共码放4副敏捷梯；
2. 将学生平均分成四组，每组站成一路纵队于敏捷梯后；
3. 教师组织学生进行5组敏捷梯的动作练习。

小步跑： 正对敏捷梯站立，膝关节微屈，上体略前倾。前脚掌落地，一步一个快速向前跑进，手臂配合前后摆动。关键点：脚步轻盈，尽可能减少脚掌与地面接触时间，控制动作节奏；

侧向小步跑： 侧对敏捷梯站立，上体稍前倾；前脚掌着地，快速平行移动，手臂配合前后摆动；随后反方向练习。关键点：尽可能减少前脚掌与地面接触的时间，控制动作节奏；

急停垫步跑： 正对敏捷梯站立，向前跑进两个格子（一步一格），第三个格子垫步两次，手臂配合自然前后摆动。依次循环向前。关键点：节奏变换明显，尽可能减少脚掌与地面的接触；

高抬腿： 正对敏捷梯，支撑腿前脚掌蹬地，摆动腿大小腿充分折叠，高抬大腿至90度，手臂配合前后摆动，髋关节前送，一步一个向前跑进。依次循环向前。关键点：上体保持正直，摆动腿积极下压，脚掌尽量减少与地面接触的时间；

侧向高抬腿： 侧对敏捷梯站立；支撑腿前脚掌蹬地，摆动腿大小腿充分折叠，高抬大腿至90 度，手臂配合前后摆动，髋关节前送，两步一个向前跑进。依次循环向前。随后反方向练习。关键点：上体保持正直，摆动腿积极下压，脚掌尽量减少与地面接触的时间。

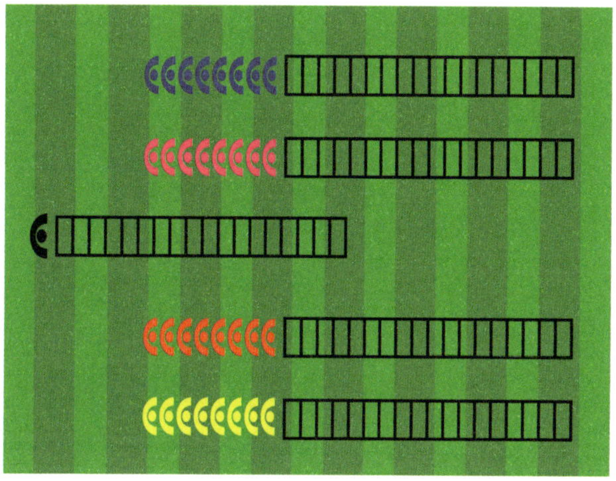

练习动作图示：

小步跑

侧向小步跑

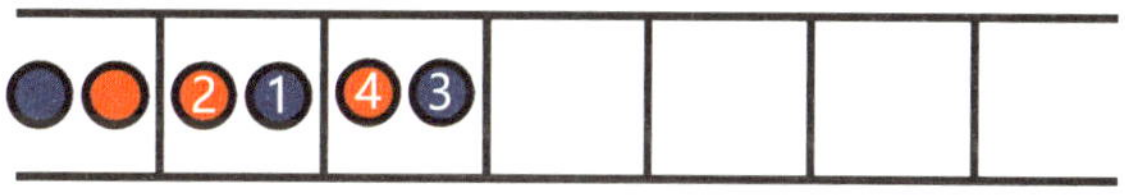

紧急垫步跑

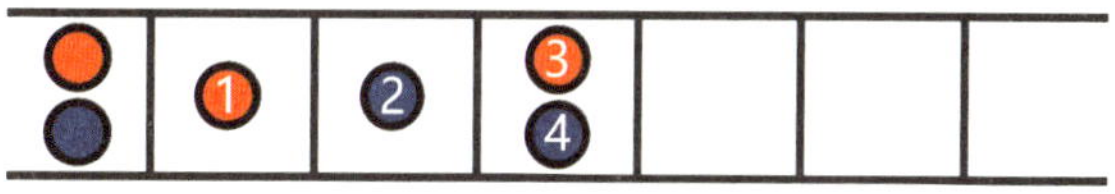

高抬腿

侧向高抬腿

执行要素

活动要求

1. 教师示范、讲解每一个动作，并带领学生完成由慢到快的动作练习；
2. 每个动作老师带领完成1次，学生自主完成3次，如果需要换方向，每个方向再做1次。

执行提示

1. 教师先做1~2次动作示范，再带领学生做由慢到快的完整练习；
2. 在讲解时，先讲清脚步的移动，再讲手的配合；
3. 如果学生不能独立完成，教师可以带领学生多进行两次练习，直至大多数学生掌握并能独立完成；
4. 各组排头尽量安排协调性较好的学生，有助于敏捷梯的教学。

敏捷梯练习 2

所需器材
标志盘、沙包

难度提示
★★★

练习方法

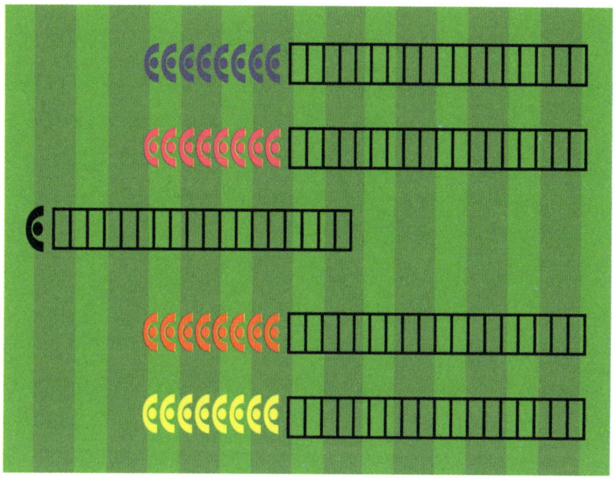

❶ 矩形场地内，共码放4副敏捷梯；

❷ 将学生平均分成四组，每组站成一路纵队于敏捷梯后；

❸ 教师组织学生进行5组敏捷梯的动作练习。

单脚侧跨前移：正对敏捷梯站立在第一个格子的左侧；右脚向右迈步到第一个格子内，触地瞬间，左脚抬起，左脚原地落下，右脚跟进；左脚向前迈步到第二个格子的框内，触地瞬间，右脚迈步进入第二个格子，手臂配合前后摆动。依次循环向前；

侧向进退步：侧对敏捷梯站立，以右脚先行为例，右脚迈步进入第一个格子，左脚迅速跟进；右脚后退，左脚跟进右脚迈步入第二个格子。依次循环侧向移动；

侧向Z形进退步：侧对敏捷梯站立，以右脚先行为例，右脚迈步进入第一个格子，左脚跟进，右左脚继续向前迈步，到第一个格子的上边框外；右左脚依次后退进入第二个格子，继续后退到第二个格子下边框外，右脚进入第三个格子。依次循环侧向移动。关键点：应尽可能减少脚与地面接触的时间；

正向框内框外前移：正对敏捷梯站立，双脚依次迈步，右脚移出到右边框外，左脚移出到左边框，触地瞬间，右脚左脚依次迈步进入第二个格子内。依次循环向前。关键点：左右脚交替前移；整个动作过程要求连贯没有停顿、节奏清晰；脚与地面接触的时间越短越好；

滑步前移：正对敏捷梯站立在第一个格子左侧；双脚依次进入第一个格子，触地瞬间右脚、左脚依次移出到右边框外；左脚启动一次迈步进入下一个框内。循环向前。关键点：应尽可能减少脚与地面接触的时间。

练习动作图示：

单脚侧跨前移

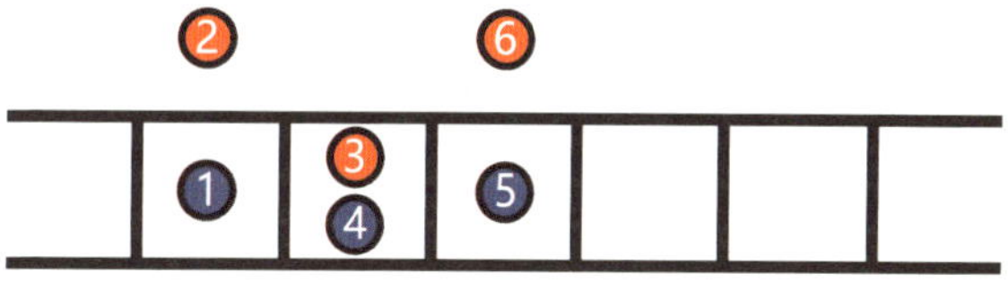

侧向进退步

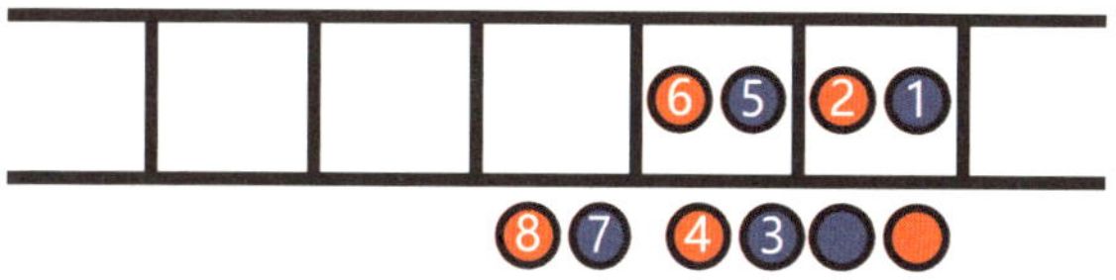

侧向Z形进退步

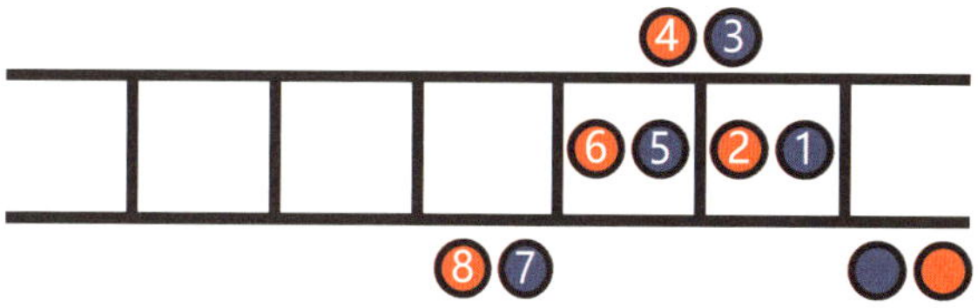

正向框内框外前移

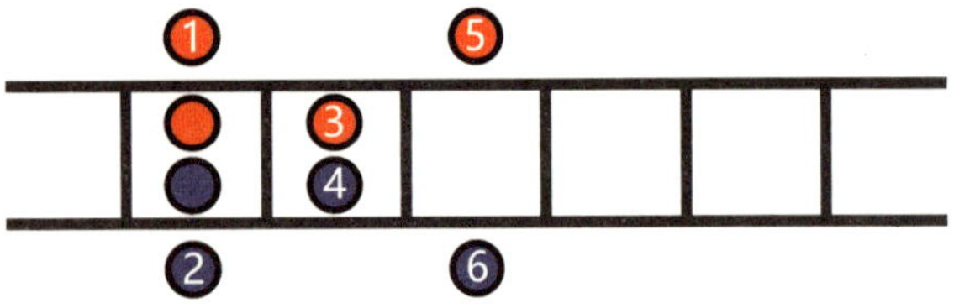

滑步前移

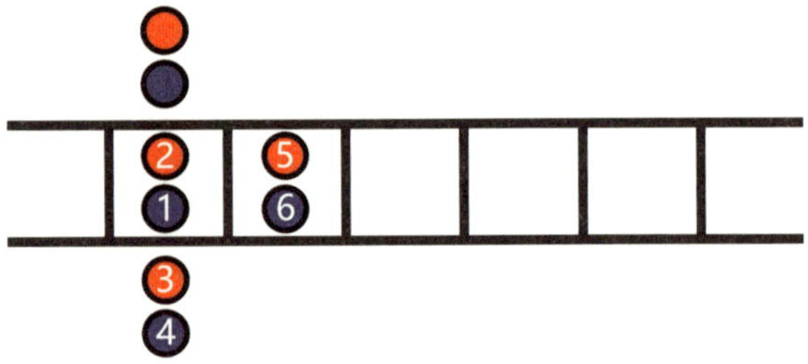

执行要素

活动要求

1. 教师示范、讲解每一个动作，并带领学生完成由慢到快的动作练习；
2. 每个动作老师带领完成1次，学生自主完成3次，如果需要换方向，每个方向再做1次。

执行提示

1. 教师先做1~2次动作示范，再带领学生做由慢到快的完整练习；
2. 在讲解时，先讲脚步的移动，再讲手的配合；
3. 如果学生不能独立完成，教师可以带领学生多进行两次练习，直至大多数学生掌握并能独立完成；
4. 各组排头尽量安排协调性较好的学生，有助于敏捷梯的教学。

敏捷梯追逐跑

所需器材 敏捷梯　　**难度提示** ★★★

练习方法

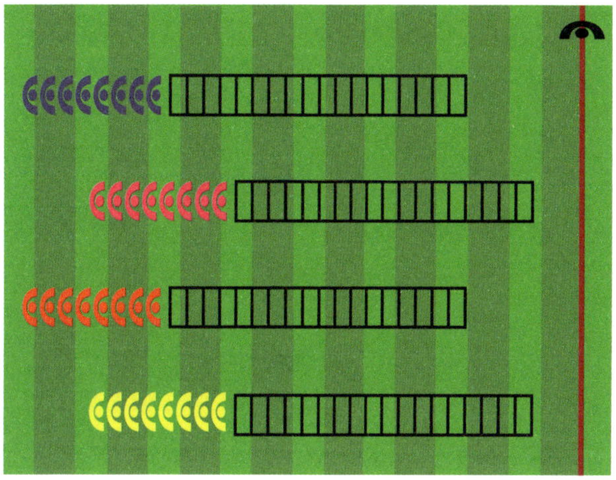

1. 教师在场地设置一条终点线，并分别在距离终点线15米和20米的位置码放四个平行的敏捷梯，如左图所示；
2. 将学生平均分成四组，每组学生在敏捷梯后站成一路纵队；
3. 学生听到哨声迅速完成教师规定的敏捷梯的练习动作（第一个：小步跑；第二个：侧向进退步；第三个：正向框内框外前移；第四个：滑步前移）并向终点线方向跑，在较远敏捷梯位置出发的学生要尽力追赶，超越前面一组出发的学生。

执行要素

活动要求

1. 教师要为每组学生进行发令，确保追逐跑的公平性；
2. 发令前要告知学生追逐跑时所用动作，并在学生都掌握的基础上再开展追逐跑练习；
3. 每个动作完成两次，学生交换位置后再进行两次。

执行提示

1. 教师可以根据学生的能力调整各组敏捷梯之间的距离；
2. 教师可以根据学生对敏捷梯的练习掌握情况调整追逐跑所用动作；
3. 教师规定练习结束学生的返回路线，避免发生冲撞；
4. 追逐过程中，追拍超越学生时一定要考虑对方的安全，拍打力度大、超越时突然改变方向都有可能对他人造成伤害。

爬行推球，俯撑抬臂

所需器材
实心球

难度提示
★★★

练习方法

❶ 矩形场地，设置两条标志线，两线相距30米；

❷ 将学生平均分成4组，每组分成A、B两队，分别站成两路纵队于标志线后且相互对应；

❸ 活动开始，各组A队第一名学生爬行出发，在爬行过程中将实心球向前推挪，将球推送达B队标志线后起身，与本组B队的第一名学生击掌接力，B队出发的学生重复此动作继续接力，全组学生完成接力活动结束，完成最快的组获胜；

❹ 小竞赛结束，教师带领学生两人一组，做俯撑抬臂练习。两人面对面站立，一人辅助一人练习，练习的学生俯卧撑姿势准备。开始后，练习者一手支撑地面，一手向前上方抬起与站立的辅助者击掌，然后再轮换手臂做，直至完成规定个数，两名学生互换角色继续练习，直至完成规定的组数。

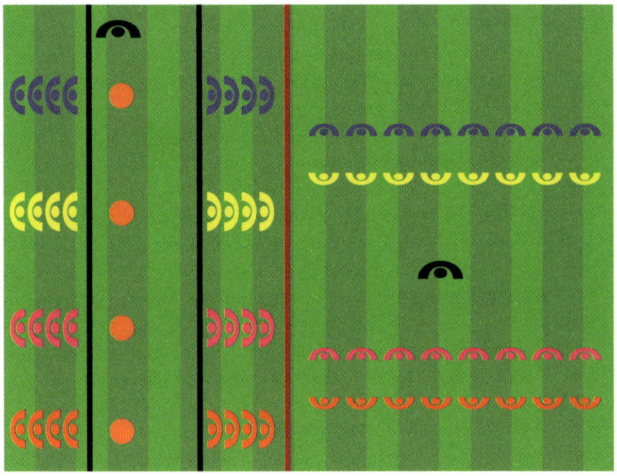

练习动作图示：

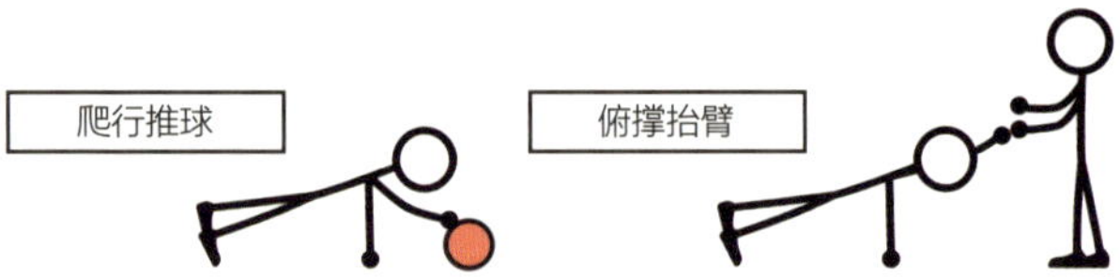

执行要素

活动要求

❶ 爬行推球过程中要求学生只能四肢着地，推球时注意左右手轮换；

❷ 教师先带领学生做3组爬行推球小竞赛；

❸ 组织学生两人一组做俯撑抬臂练习，每只手臂15次x4组。

执行提示

❶ 教师在竞赛开始前讲清方法和要求，组织学生做两分钟的爬行推球体验再开始竞赛；

❷ 俯撑抬臂时，引导学生身体尽量成一条直线，不能塌腰，辅助的学生要站直，要让练习者与其主动击掌，从而达到练习的目的。

爬行练习

所需器材

难度提示 ★★★

练习方法

1. 矩形场地，设置两条标志线，两线相距30米；
2. 将学生平均分成四组，每组站成一列横队；
3. 教师讲解、示范几种爬行方式：
   仰卧头前脚后；
   仰卧脚前头后；
   俯卧头前脚后；
   俯卧脚前头后；
4. 教师带领学生统一练习，一组完成后再做下一组练习。

练习动作图示：

执行要素

活动要求

1. 教师在每组练习开始前要进行讲解、示范，必要时让学生原地先体验再开始行进间的练习；
2. 每个动作完成20米x2组。

执行提示

1. 运动前检查场地平整无杂物；
2. 时刻关注、调整学生之间的安全练习距离；
3. 教师可以根据学生情况，组织学生做小竞赛。

异/同侧手脚走

所需器材 标志盘

难度提示 ★★

扫码看视频

练习方法

❶ 场地为长20米、宽15米的长方形，短边两端分别为起点与终点；

❷ 将学生8~12人一组分为若干组，每组在起点一端成纵队站立，每组间应有2米左右间距，与每组相对应场地的另一端终点处各摆放一个标志盘；

❸ **练习一：**每组第一名学生出发，成爬行姿势，同时抬起异侧的手脚，尽量高抬，然后交换；

练习二：每组第一名学生出发，成爬行姿势，同时抬起同侧的手脚，尽量高抬，然后交换；

❹ 每组学生依次出发，到达终点标志盘后在标志盘后站成一路纵队，等待教师口令再进行下一组练习。

练习动作图示：

练习一　　练习二

执行要素

活动要求

① 学生爬行时根据腰腹力量身体尽量与地面平行；

② 练习时教师用哨音控制学生依次出发；

③ 练习时不要求爬行速度，重点体会腰腹用力。

执行提示

① 根据学生腰腹力量情况安排场地，不宜过大；

② 教师可用哨声控制学生爬行时手臂抬举的速度和抬举的时间。

马步运输

所需器材

标志盘、足球

难度提示

★★★

扫码看视频

练习方法

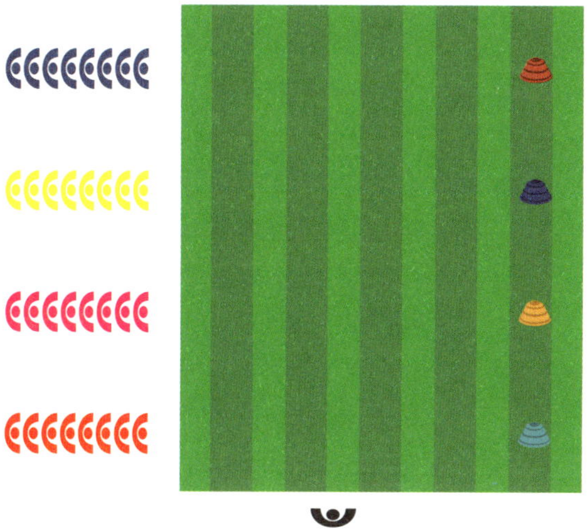

1. 场地为长20米、宽15米的长方形，短边两端分别为起点与终点；
2. 将学生8~12人一组分为若干组，每组在起点一端成纵队站立，每组间应有2米左右的间距，与每组相对应的场地的另一端终点处各摆放一个标志盘；
3. 活动开始：每组的第一名学生出发，两腿屈膝下蹲成马步，在两条大腿上各放置一个足球，用手垂直按住球的顶部前行，球不得掉在地上；
4. 绕过终点标志盘后起立，双手抱住足球跑步回到起点，将球交由下一名出发的学生。

练习动作图示：

执行要素

活动要求

1. 学生屈膝下蹲时，大腿尽量与地面平行；
2. 学生前进时，上体保持正直，不能塌腰；
3. 球不得掉在地上，如掉在地上，需要将球捡起后放到腿上，再出发；
4. 练习时不要求前进速度，重点体会大腿用力。

执行提示

1. 根据学生腿部力量情况安排场地，不宜过大；
2. 教师可通过用哨声控制学生前进步伐的次数，从而控制前进的速度；
3. 教师可根据学生的身高采用更小一些的小篮球。

直线追逐跑

所需器材　　难度提示
标志盘　　★★★

练习方法

❶ 场地为长20米、宽15米的长方形，短边两端分别为起点与终点；

❷ 将学生8~12人一组分为若干组，每组在起点一端成纵队站立，每组间应有2米左右间距，在距离每组起点线3米处，画一条横线，与每组相对应的场地的另一端终点处各摆放一个标志盘；

❸ 每组学生1—2报数，数1的学生在横线处起跑，数2的学生在起点线后起跑；

❹ 活动开始后两人同时起跑，在起点线后出发的学生要尽力去追赶，超越前面一组出发的学生；

❺ 绕过终点标志盘后返回至起点，下一组学生站在各自的起跑处等待教师发令，此练习进行两组，第二组数1和数2的学生交换角色。

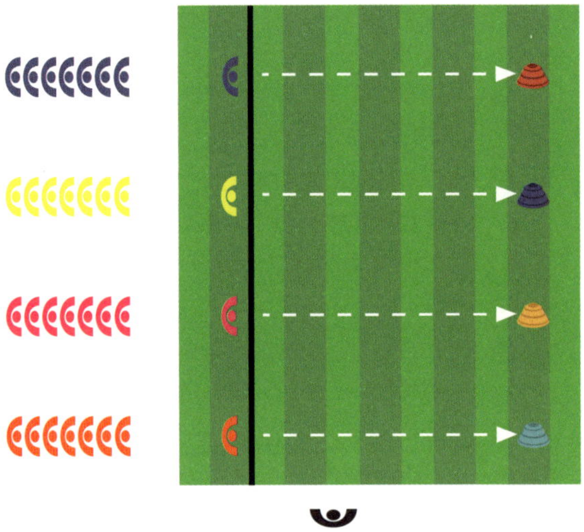

执行要素

活动要求

1. 学生听教师发令后出发，不得抢跑；
2. 后面学生追上前面学生时，不要拍打前面学生，直接超过他即可。

执行提示

1. 报数分组时，教师应注意性别差异和身体差异；
2. 教师可根据学生能力，调整两条起跑线间的距离。

曲线追逐跑

所需器材 标志盘

难度提示 ★★★

扫码看视频

练习方法

❶ 场地为长20米、宽15米的长方形，短边两端分别为起点与终点；

❷ 将学生分为若干组，每组8~12人，在起点一端成纵队站立，每组间应有2米左右间距，在距离每组起点线3米处，画一条横线，作为第二起跑线；

❸ 在第二起跑线与终点标志盘之间等距码放5个标志盘，四个相同颜色，一个不同颜色，将不同颜色的标志盘放在第三个；

❹ 每组学生1—2报数，数1的学生在第二起跑线处起跑，数2的学生在起点线后起跑；

❺ 活动开始后两人同时起跑，绕标志盘“S”形跑动，当遇到标志盘中不同的颜色，需要绕其一周，在起点线后出发的学生要尽力去追赶，超越前面一组出发的学生；

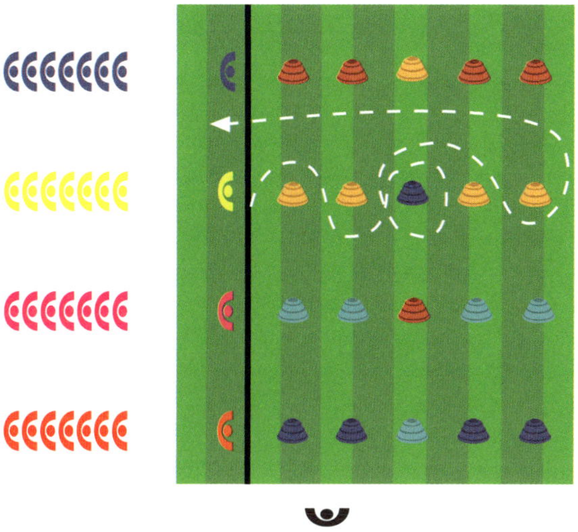

❻ 绕过终点标志盘后返回至起点，下一组学生站在各自的起跑处等待教师发令。该练习进行两组，第二组数1和数2的学生交换角色。

执行要素

活动要求

① 学生听教师发令后出发，不得抢跑；

② 后面学生追上前面学生时，不要拍打前面学生，直接超过他即可。

执行提示

① 报数分组时，教师应注意性别差异和身体差异；

② 教师可根据学生能力，调整两条起跑线间的距离。

多种形式起跑

所需器材 标志盘

难度提示 ★★

练习方法

❶ 场地为长20米、宽15米的长方形，短边两端分别为起点与终点；

❷ 将学生8~12人一组分为若干组，每组在起点一端成纵队站立，每组间应有2米左右间距，与每组相对应的场地的另一端终点处各摆放一个标志盘；

❸ 学生按照教师的口令做好相应的起跑姿势，活动开始后，学生迅速起跑，跑到标志盘处停下，面对标志盘站成一路纵队，等待下一次练习开始；

起跑姿势一：盘腿坐在地上准备，听到起跑信号后，迅速起立，然后全速奔跑；

起跑姿势二：站立背向奔跑方向准备，听到起跑信号后，向后转，然后全速奔跑；

起跑姿势三：俯撑姿势准备，听到起跑信号后，迅速起立，然后全速奔跑；

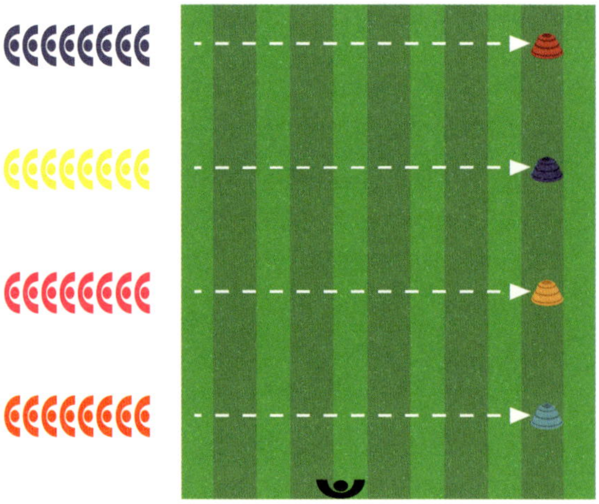

起跑姿势四：面向奔跑方向蹲下，听到起跑信号后，迅速起立，然后全速奔跑；

起跑姿势五：面对奔跑方向站立，听到起跑信号后全速奔跑；

❹ 每种姿势练习一次。

执行要素

活动要求

① 学生听教师发令后出发，不得抢跑；

② 学生需严格按照教师规定的起跑姿势进行练习。

执行提示

① 在练习前，教师可带领学生先模仿各种起跑姿势动作；

② 为提高学生的反应能力，增加趣味性，教师可将出发信号改为数字或者某个特定的词语；

③ 本练习不对奔跑速度做要求，重点是体会不同的起跑姿势。

过障碍练习

所需器材：敏捷梯、体操垫，呼啦圈

难度提示：★★

扫码看视频

练习方法

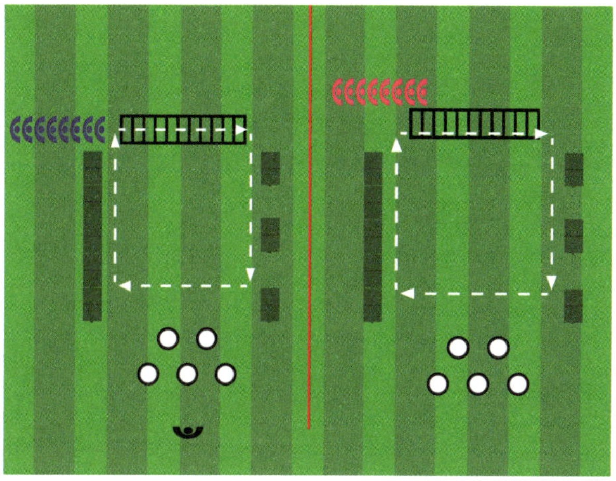

❶ 场地为长20米、宽15米的长方形，将场地分为两个大小相同的正方形，学生分为两组，每组学生使用一块场地；

❷ 正方形的四个边摆放四组练习器材，分别为敏捷梯，体操垫，呼啦圈；边1在距离起点2米的位置摆放一个敏捷梯；边2摆放5块小体操垫，每块垫子间首尾相连；边3将5个呼啦圈按“之”字形摆放，每个呼啦圈直线间距在1米左右；边4摆放3块小体操垫，每块垫子相距2米左右；

❸ 活动开始后，学生依次出发，在边1进行单腿跳练习，每次跳进一个格子（中途尽量不换腿），在边2进行爬行的练习，在边3进行双脚“之”字形跳跃练习，尽量跳到呼啦圈中，在边4进行前滚翻练习；

❹ 做完四个练习后回到起点，此练习进行2次。

执行要素

活动要求

1. 学习练习时需严格控制间距，以免发生安全事故；
2. 练习分组时，教师可根据学生身体素质的情况进行分组。

执行提示

1. 在练习前，教师可带领学生先进行练习单腿跳，爬行，双腿跳，前滚翻动作，并强调每个动作的技术要点以及需注意的安全问题；
2. 场地摆放时，每个练习场地可相应加大间隔距离。

障碍接力跑

所需器材
体操垫、标志桶、跨栏架

难度提示
★★

练习方法

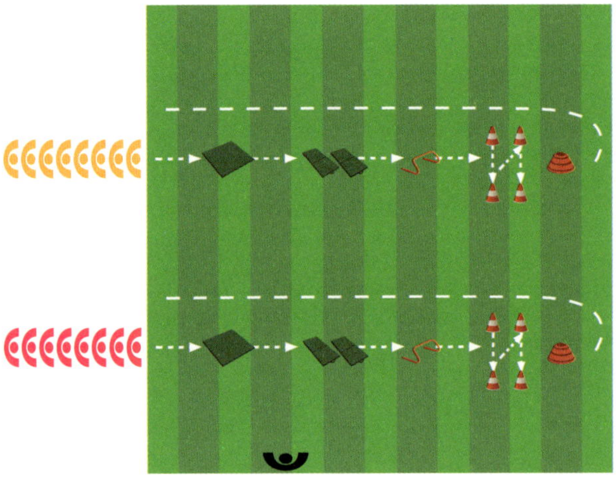

1. 场地为长20米、宽15米的长方形，在距离起点3米的地方放置一块大体操垫，距离体操垫约5米处，放置两块小体操垫，垫子之间相隔1米；
2. 在间隔第二块小垫子5米处放置一个跨栏架，在间隔跨栏架3米的位置，放置四个标志桶，标志桶摆成正方形，在距离标志桶3米的地方，放置一个标志盘作为终点；
3. 将学生分为人数相等的两组，成一路纵队，站在起点标志盘后；
4. 活动开始后，学生跑步出发，爬行通过大体操垫，跨越过两块小垫子，钻过跨栏架，“之”形触摸四个标志桶，绕过最后一个标志盘后直线跑回；
5. 跑到本队队首时与排头学生击掌，下一名学生出发，按照之前学生的路线进行练习；
6. 以此类推，直至小组所有人都完成。

执行要素

活动要求

1. 学习练习时需严格控制间距，以免发生安全事故；
2. 学生统一从标志盘的右侧返回。

执行提示

1. 在练习前，教师可带领学生先进行爬、跨、钻这些动作的练习。
2. 场地摆放时，可根据学生的能力相应增大或减小障碍物之间的间距。

曲线接力跑

所需器材　标志盘、接力棒

难度提示　★★

扫码看视频

练习方法

❶ 场地为长20米、宽15米的长方形，在场地中央用 4个红色标志盘摆出直径2米的圆，再用4个蓝色标志盘摆出一个直径8米左右的圆；

❷ 将学生分为人数相等的四组，成一路纵队，分别站在红色标志盘与蓝色标志盘之间，最后一名学生手拿接力棒；

❸ 活动开始后，学生跑步出发，按照顺时针方向跑动，绕过所有蓝色标志盘后，跑回出发位置，将接力棒交由下一名学生；

❹ 小组内所有人完成一种方式的接力。此练习进行三次（上挑式、下压式、立棒式交接棒各进行一次），每次之间间歇2分钟。

执行要素

活动要求

1. 当超越前一名学生时，需从外侧超越；
2. 学生拿到接力棒后才能出发，不得抢跑；
3. 如中途掉棒，应立即捡起后继续练习。

执行提示

1. 在练习前，教师可带领学生练习上挑式、下压式、立棒式的交接棒方法；
2. 场地摆放时，可根据学生的能力相应增大或减小障碍物之间的间距。

折返跑

所需器材
标志盘

难度提示
★★

练习方法

❶ 场地为长20米、宽15米的长方形，短边两端分别为起点与终点；将学生8~12人一组分为若干组，每组在起点一端成横排站立，人与人间应有2米左右间距；

❷ 分别在距离起点5米、8米、10米、15米处摆放一排标志盘；

❸ 活动开始后，学生跑步出发，到达第一个标志盘后，用手将标志盘翻动，然后返回到起点，用脚踩到起点线后转身跑向第二个标志盘，用手将第二个标志盘翻动后再次返回起点，用脚踩起点线，以此类推，直至用手翻动完最后一个标志盘后返回起点，练习完成；

❹ 当前一组所有人完成练习后，第二组学生出发，此练习进行3组。

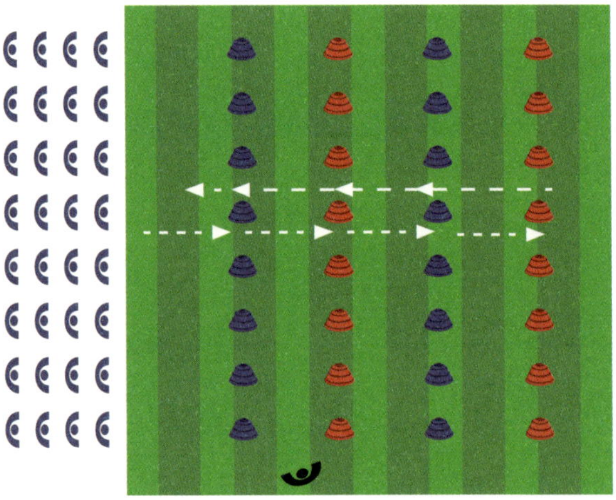

执行要素

活动要求

① 每一个标志盘必须用手翻动；

② 翻动标志盘时，不得移动标志盘的位置，不得扔抛标志盘。

执行提示

① 在练习前，教师可带领学生学习如何急起急停、快速转身；

② 根据场地大小安排每组人数，人与人间至少间隔2米。

阻力跑

所需器材
标志盘、弹力带

难度提示
★★★

练习方法

❶ 场地为长20米、宽15米的长方形，短边两端分别为起点与终点，在终点处摆放一个标志盘，将学生3人一组分为若干组，站在起点线后，每组间相距2米以上；

❷ 每组3名学生成三角形站立，一人在前，两人在后，将一根长约2.5米的弹力带绕在一人腰间，后面的两名学生用手拿住弹力带的两头；

❸ 活动开始后，前面的学生跑步出发，后面的学生用手拿住弹力带制造阻力，跟随跑动；

❹ 当跑到标志盘后，三人走回起点，将弹力带交由下一组学生；

❺ 此练习进行3组，三人轮换角色。

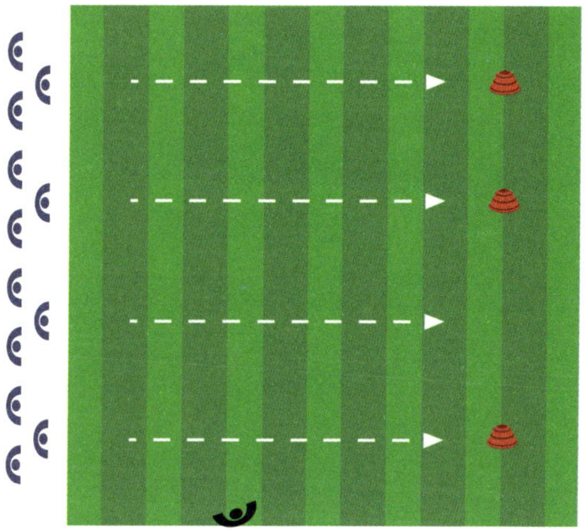

练习动作图示：

执行要素

活动要求

1. 后面两名学生在练习时不加大阻力；
2. 前面学生跑步时保持高重心跑，而不像阻力方向“颠倒”。

执行提示

1. 在练习前，教师可带领学生学习如何使用弹力带；
2. 速度不宜过快，重点体会腿部的用力部位。

三单元

UNIT 3

校内跑步活动实施

跑步激励包的设计与发放方法

小小马拉松

——跑步激励包奖励方法

通过校内及校外跑步课程的学习，采用积累学生跑步米数，同等米数换取不同纪念意义的徽章，以求不断激发学生跑步的兴趣，从而让学生们真正喜欢上跑步运动。奖励方法分为两点。

Ⓐ⁺ 常规分

在常规分中，考虑能让大部分孩子都能参与进来，又能一定程度地拉开竞争差距，只要认真完成课堂任务，可以获得1000米的奖励成绩。

Ⓐ⁺ 附加分

在附加分中，考虑拉开学生之间的合理性竞争差距，将其分为三种奖励形式：

① 竞赛分。在跑步游戏比赛中，获胜的小组每人可以奖励100米。

② 阶段分。每当学生提升一个徽章水平，自动奖励100米。

③ 自由分。学生参加校外各类跑步活动，申报属实，奖励100米。

备注：

1. 徽章上标明了公里数，学生累计的跑步公里数，与徽章上相对应进行发放。
2. 在遇到各种比较重大事件，教师可以考虑给予特殊奖励。
3. 激励包的使用在于鼓励学生爱上运动，所以教师的鼓励和同伴的鼓励也极为重要。

四单元

UNIT 4

活力校园 · 跑步

“挑战日”方案规划

活力校园·跑步
全校挑战日

挑战日

活动形式： 个人项目与集体项目结合

根据学生的运动能力分别设立了分年龄段的个人项目和集体项目，以班级为单位核算团体积分。此形式可达到人人参与的目的。

人员分组示例

组别	低年级组	中年级组	高年级组
年级	一、二年级	三、四年级	五、六年级

场地划分示意图

充分利用校园内较为平整的场地空间即可，由于各学校场地不同，所以图示是以一块标准田径场地设计为例。

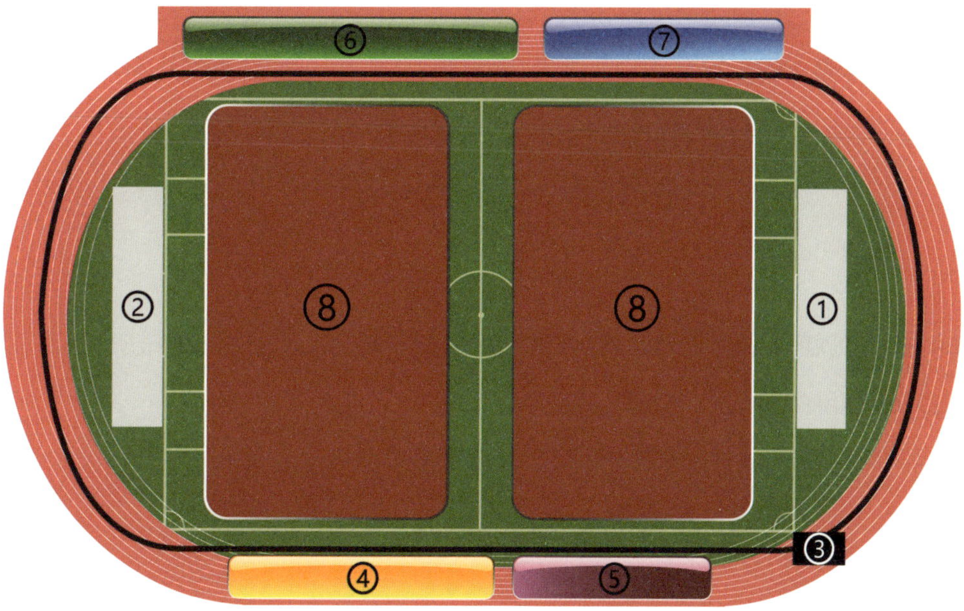

① 跳跳侠　② 闯关英雄　③ 铁人赛　④ 托球接力赛
⑤ 两人三足赛　⑥ 迎面接力赛　⑦ 结网接力赛　⑧ 定向跑

活动内容

个人项目每班限报 4 人（2 男 2 女），集体项目每班 20 人（10 男 10 女）。参报人数可根据各校实际情况进行调整。

组别	个人项目	集体项目
低年级组	跳跳侠	1.托球接力赛 2.两人三足接力赛
中年级组	闯关英雄	1.迎面接力赛 2.结网接力赛
高年级组	铁人赛	定向跑

活动方法和要求

跳跳侠

① **方法：** 一分钟的时间内，单人跳绳次数。跳绳过程中可以停顿，以一分钟结束时的次数为个人最后成绩。

② **要求：** 个数相同，停顿次数少者名次优先。

闯关英雄

① **方法：** 在50米的矩形赛道上设计钻、跳、跨越等器材，学生听口令从起跑线出发计时开始，通过障碍区，过终点线计时结束。以用时计算个人最后成绩。

② **要求：** 障碍的设定要符合学生的能力，且具有一定的挑战性。

铁人赛

① **方法：** 800米的距离，设立四名学生在跑步过程中需要完成的项目，学生出发计时开始，完成800米计时结

束。以用时计算个人最后成绩。例如：从起点出发，跑到200米距离时需要做10个蹲跳起，跑到400米距离时需要完成5个沙包掷准，跑到600米距离时需要完成20个仰卧起坐，跑到700米距离时需要完成10个哑铃推举，最后完成800米的跑动距离。

② **要求：**800米过程中，设计的任务要符合学生的实际情况，为了竞赛的连贯性，最好不产生器材的位移。每个任务区要设立裁判。

托球接力赛

① **方法：**设置两条标志线，两线之间相距30米。班级参赛队员分A、B两队。分别成纵队站于标志线后准备。裁判发令，A队排头站立式起跑且必须单手持球拍后端把手处，将球置于球拍上，托球向前跑，与B队排头接力，以此接力的形式进行比赛。最后以班级参赛队员总体用时计算成绩。

② **要求：**比赛时，持球拍的手不得超出把手，不得用手夹球；队员行进中，只允许用单手持拍托球，不得用另一只手做任何扶助持球动作；若途中球落地，需捡起球置于球拍上，并退至掉球处再继续。捡球时，不得影响其他选手比赛；人和球必须同时过标志线，不可用球拍将球抛过线。

两人三足接力赛

① **方法：**设置两条标志线，两线之间相距30米。班级参赛队员分A、B两队，每队两人为一组将腿捆绑在一起站于标志线后准备。裁判发令，A队第一组队员站立式出发以三条腿向前跑进，与B队第一组进行接力，以此接力形式进行比赛。最后以班级参赛队员总体用时计算成绩。

② **要求：**两人的相邻腿绑住，位置不能高于膝盖部分，也不能低于脚踝，绳子必须绑在小腿上，并捆紧，如中途松开，应系好再前进；必须在标志线线后把脚绑好，不准抢跑；中途若有人摔倒，应立即停下来，等重新准备好后再跑，或者自动放弃比赛。

迎面接力赛

① **方法：**设置两条标志线，两线之间相距50米。班级参赛队员分A、B两队。分别成纵队站于标志线后准备。裁判发令，A队的第一名学生手持接力棒向B队跑去，跑到标志线处，将接力棒交给B队的第一名学生。以此接力形式进行比赛。最后以班级参赛队员总体用时计算成绩。

② **要求：**比赛中及比赛结束的运动员皆不得影响、干扰其他班的比赛；比赛过程中出现掉棒，则必须由交棒者捡起接力棒交给下一位运动员；交接棒时不得将接力棒抛给本方队员。

结网接力赛

① **方法：**设置两条标志线，两线之间相距30米。班级参赛队员分A、B两队。比赛开始前，A队在标志线后手拉手围成一个圆，圆内放一个球。B队在标志线后围成一个圆，所有的学生在圆心位置手与手相搭。裁判发令，A队将球运向B队标志线后，并由一人将球放在B队学生已经搭好手的位置，B队再将球运回A队标志线后。以此接力形式进行比赛，最后以班级参赛队员总体用时计算成绩。

② **要求：**A队结网运球过程中手不能松开，若不慎将球踢离队伍，要停止前进，由一人用脚将球捡回再继续；B队在行进中相互搭在一起的手不能松开，若球不慎掉落，要停止前进，由一人将球捡回调整好后再出发；中途若有人摔倒，应立即停下来，等重新准备好后再跑，或者自动放弃比赛。

定向跑

① **方法：**矩形场地内设立24根标志杆，每根标志杆拴一种颜色的彩笔代表一个字母。每支参赛队中每两个人一组，将相临的腿绑在一起。每支参赛队发一张场地布置图和一张任务卡。裁判发令，计时开始。各参赛队的第一组手持任务卡出发，将卡片的第一个字用汉语拼音标注好后与本队的第二组进行接力，第二组去完成标注任务卡第二个字的拼音，以此方式接力进行。参赛队所有小组成员完成拼音标注后，本队所有人站成一排，将相临的两腿绑在一起，侧向跑道方向走至终点线，任务卡的拼音检查无误。任务结束，计时停止。

② **要求：**赛前统一发任务卡，各参赛队任务卡上的中文个数，以及所需的拼音个数应该相同；彩笔要在固定位置使用，不能带离；若绑在一起的腿松开，要停止运动，绑牢后再继续；整队最后一人过终点线后提交任务卡，若拼音有误，由本队一人返回场地去做修改。

计分办法

① **个人项目：** 分男女生，第一名9分，第二名7分，第三名6分，第四名5分，第五名4分，第六名3分，其余不给分，不满6名按最高名次递减计入班级总分。

② **集体项目：** 集体项目按照单人项目2倍分值计入班级总分。

③ **团体总分：** 以班级为单位计算单人项目总分与集体项目总分之和。

计分工具表

个人项目计分表（本表可根据参赛人数进行扩充）。

男/女 生（xx）项目					
班级、姓名		成 绩	得 分	备 注	班级积分
一（1）	1				
	2				
一（2）	1				
	2				

集体项目计分（本表可根据班级数进行扩充）。

（xx）项目				
班级		成 绩	备 注	班级积分
一年级	1班			
	2班			
二年级	1班			
	2班			

表团体总分表（本表可根据班级数进行扩充）。

(xx）项目				
班级		个人项目积分	集体项目积分	团体总分
一年级	1班			
	2班			
二年级	1班			
	2班			

五单元

UNIT 5

跑步小知识

跑步贯古今

中国古代长距离跑——贵由赤

由于得到人们的普遍重视，除了应用于军事训练和作战目的，跑步运动到后来还发展成为一种竞技体育比赛。《殷周金文集成》（第二卷，鼎类铭文）中录有一则《令鼎》铭文，上面记录的便是周昭王姬瑕在位时的一则“长跑事迹”。周昭王到淇田场亲事农耕，事毕驾马车返回。周昭王对随从令和奋说：“令暨奋，乃克至，余其舍女臣卅家。”意思是，令和奋你们俩如果能比马先跑到王宫，我赏赐你30户家奴。结果他们真比马先跑到，周昭王没有食言。令就此事铸了一只青铜鼎记述此事，在铭文中还称“小子迺学”，意思是我还要好好训练。令和奋为什么可以赢得这场比赛的胜利呢?因为他们在平时就非常注重进行专门刻苦的跑步训练，其腿部的肌肉和弹跳力量非常人所能比拟。

元代时，为了培养战士的体力和耐力，元世祖忽必烈决定以“贵由赤”赛跑的方式来考察兵卒的训练成绩。这种快行者的比赛，由朝廷委派“监临官”进行监督和裁判。赛跑的路线为：以大都为起点，以离宫上都为终点，或者以上都为起点，以大都为终点，两地距离为一百八十里，要求三个时辰跑完全程。

陶宗仪在《南村辍耕录》卷一对此进行了详细的记载：“贵由赤者，快走是也。每岁一试之，名曰放走。以脚力便捷者膺上赏，故监临之官，齐其名数而约之以绳，使无后先参差之争，然后去绳放行。在大都，则自河西务起程。若上都，则自泥河儿起程。越三时，走一百八十里，直抵御前，俯伏呼万岁。先至者赐银一饼，余者赐段匹有差。”元代的一百八十里，约合现在的67.6千米，其距离超过了马拉松跑全程。6 个小时跑完全程，对选手的体力来说是极大的考验，可以说，是一种真正意义上的超级马拉松。另外，“贵由赤”比赛最后只取前3名，其余选手不记名次，但也会有奖励。据元杨瑀《山居新语》“皇朝贵由赤”条记载：“头名者赏银一锭，第二名赏缎子四表里，第三名赏二表里，余者各一表里。”从杨瑀所记来看，第一名是发给奖金，一锭银子少说也是50两（也有称一等奖的奖品是一块银饼）；其他选手都是物质奖励，“一表里”就是一套服装的里外布料。从所赐物品可以看出，当时朝廷为贵由赤设立的奖品规格是很高的。

元代诗歌对贵由赤（放走）也多有记载。诗人写道：“放教贵赤一齐行，平地风生有翅身。未解刻期争拜下，御前成个赏金银。”“健步儿郎似乐云，铃衣红帕照青春。一时脚力君休惜，先到金阶定赐银。”这两首诗的作者都曾在中央机构任职，诗中所述应是其亲自见闻之事。“铃衣红帕”应是参与赛跑者统一的服装，“红帕”包头，引人注目，“铃衣”则是衣服上系铃，走动时发出响声，周围人都能听见。这样的服装，目的是要他人让开道路，便于快跑。

马拉松起源

马拉松是一项长跑比赛项目，其距离为42.195公里。这个比赛项目的起源要从公元前490年9月12日发生的一场战役讲起。

这场战役是波斯人和雅典人在离雅典不远的马拉松海边发生的，史称“希波战争”，雅典人最终获得了反侵略的胜利。为了让故乡人民尽快知道胜利的喜讯，统帅米勒狄派一个叫菲迪皮茨的士兵回去报信。

菲迪皮茨是个有名的“飞毛腿”，为了让故乡人早知道好消息，他一个劲儿地快跑。当他跑到雅典时，已上气不接下气，他激动地喊道：“欢……乐吧，雅典人，我们……胜利了！”说完，就倒在地上死了。

“马拉松”原为希腊的一个地名，位置在雅典东北30公里。其名源出腓尼基语marathus，意即“多茴香的”。

为了纪念菲迪皮茨，1896年的首届奥运会上，顾拜旦采纳了历史学家布莱尔(Michel Breal)的建议，设立了“马拉松”比赛。比赛沿用当年菲迪皮茨所跑的路线，距离约为40.2公里。此后十几年，马拉松跑的距离一直保持在40公里左右。1908年第4届奥运会在伦敦举行时，为方便英国王室人员观看马拉松比赛，组委会特意将起点设在温莎宫的阳台下，终点设在奥林匹克运动场内，起点到终点的距离经丈量为26英里385码，折合成42.195公里，进而成为马拉松比赛的标准距离。

马拉松在中国

1910年江苏举办的“长距离竞走”已初具马拉松雏形。但国内真正的现代马拉松赛事则开始于1981年的北京国际马拉松比赛（简称北马），不过当时的比赛规模远无法与现在相比，参赛者仅75人，且均为职业男选手。此后也有其他城市举办马拉松赛事，但比赛主要面向专业选手。

北京马拉松赛每年一届，初期的北马与初期的伦敦马拉松相似，只设男子全程一项比赛。1989年，女子才被允许参加比赛。1996年增设了10公里比赛。国内马拉松赛事转型始于1998年，北马在国内首次增设半程和迷你马拉松赛事项目，允许业余选手参赛，这不仅消除了国内马拉松专业竞技与全民健身之间的藩篱，也是对赛事本身的一次松绑，使马拉松运动在国内的发展壮大成为可能。2001年轮椅马拉松取消，此后历届比赛基本维持了全程马拉松、半程马拉松、10公里赛、小（迷你）马拉松这4项比赛。至此，国内马拉松赛事进入增长阶段，并在2008年北京奥运会之后迅速发展。

上海国际马拉松赛由中国田径协会、上海市体育总会主办，起始于1996年，每年一届。上海马拉松赛于2012年被国际田联评为“金标”全程马拉松赛事，是继北京马拉松赛、厦门马拉松赛之后中国第三个国际金标马拉松赛事。

高校田径精英挑战赛

高校田径精英挑战赛自2010年开始举办，每年一届。国内有八所高校高水平田径运动队长期参与此项赛事，每届比赛还会邀请其他多个高校参与挑战与体验。该赛事坚持以“大田径”理念为指导，是目前全国高校中规格最高的田径赛事，旨在促进中国大学生田径运动的长足发展，壮大精英田径运动员的优质储备，共同推进大学生体育事业在中国的发展与创新，加强精英高校之间的体育文化交流。这项赛事是由耐克推动创立和主办的。自2018年起，中国田径协会开始对赛事进行全面指导与认证。

高校精英马拉松公路接力跑

高校精英马拉松公路接力跑比赛，自2013年开始举办，每年一届。国内八所高校高水平田径运动队参与此项赛事，参赛队伍分为普通生组及校友组。该赛事是由耐克推动创立和主办的。参赛选手为各高校校内选拔赛的胜者，代表学校参加次年举行的高校精英公路接力跑总决赛。2017年起，比赛新增精英校友队和邀请组，共同参与到总决赛中。长期参与高校组设团体1~8名，取得该组别男、女前若干名的签约高校运动员，将额外为各自学校获取参加该年上海国际马拉松赛的参赛名额。在总决赛中，各组别个人成绩领先的选手将获得组队参加美国HOOD TO COAST赛事的资格。

该赛事旨在为高校中的高水平田径人才和跑步爱好者提供竞技与交流的平台，发现和培养更多文化素质与田径素质双优的人才，激发更多的跑步爱好者加入跑步行列，加强高校的校园跑步文化发展与交流。

长期参与的高校包括：北京大学、清华大学、浙江大学、华中科技大学、华南理工大学、复旦大学、同济大学、暨南大学

上马Speed X系列赛·耐克少儿跑

上马耐克少儿跑自2017年开始举办，每年一次。该赛事分两个项目，少儿迷你马拉松（4.2公里）及亲子家庭跑（3公里），整条线路完全取自上海国际马拉松赛后半段赛道，少儿迷你马拉松的距离刚好是上海国际马拉松赛赛道的十分之一。其中针对10~12周岁年龄组的少儿迷你马拉松于2018年开始取消了家长可陪跑的参赛要求，鼓励由少儿独立报名参赛，完成属于自己的“马拉松”。亲子家庭跑必须由1位家长或监护人和1名儿童组成，儿童年龄在5~9周岁。两人必须同时到达终点才计成绩。耐克少儿跑还准备了赛事领跑员、赛前热身及赛后放松的服务，并在赛前为小跑者们传授跑步知识及组织训练活动。

扫码看视频

跑步精英

中国国家田径队

中国国家田径队成立于1953年，由中国田径水平最高的运动员组成，参加田赛、径赛、公路赛和混合赛四大类国际赛事，长期在亚洲处于领先地位，在世界舞台上也屡获佳绩。

刘翔

提到刘翔，我们会自然地将“奥运冠军”“110米栏世界纪录”等类似的词汇与他联系到一起。其实刘翔走上田径场是个偶然。据其体育老师钟锁贵回忆，二年级的刘翔放学后在操场上玩耍、奔跑，意外地被他撞见。钟老师发现刘翔跑步很轻松，踝关节很有力而且大腿之间的角度也打得开，步幅很大，于是邀请刘翔加入校田径队。入队后，刘翔主要训练跑、跳等综合素质项目，随后进入普陀区少体校主练跳高，辅以短跑、跳远，直到进入市体校才开始练习跨栏。刘翔刚开始转练跨栏，成绩并不理想，甚至有了放弃的想法并转到其他学校求学。1999年，在孙海平的全力争取下，刘翔才回到上海体育运动技术学院练习跨栏，并进入一线队伍。

2000年，刘翔刚转行跨栏不久，在跨栏赛场上缺乏知名度。许多国际田径界的人士都没有想到有中国人跑进了田径大赛60米栏的决赛，因此，刘翔虽然取得了好成绩，却被裁判误认为摔倒而没有成绩。

那次比赛让刘翔和教练孙海平刻骨铭心。2000年11月，6名选手进入了法国里昂室内田径大奖赛的60米栏决赛，刘翔位于第五赛道。发令枪响后，第六赛道的美国选手在跨第二个栏时摔倒，刘翔第三个冲过终点。然而他的兴奋仅仅持续了2秒钟，裁判居然宣布，第五赛道的刘翔没有成绩。原来裁判误将摔倒的美国选手当作刘翔。那次比赛没有电视转播，幸好教练孙海平用小摄像机将全部过程拍下，成了证明刘翔没有摔倒的唯一证据。录像不仅给了刘翔清白，还证明了中国人在短距离比赛项目上可以有所作为。

2004年，在日本大阪举行的国际田联大奖赛上，刘翔以13秒06的成绩战胜美国名将阿兰·约翰逊夺得冠军。在雅典奥运会男子110米栏项目的决赛中，刘翔以12秒91的成绩打破了奥运会纪录，追平了科林·杰克逊在1993年创造并保持11年的世界纪录，为中国夺得首枚男子田径奥运会金牌。在雅典奥运会上，刘翔是唯一一位能够在田径赛道上击败美洲和欧洲选手的亚洲男子运动员。他也因此成为该届奥运会闭幕典礼的中国持旗手。

2006年国际田联超级大奖赛洛桑站男子110米栏的决赛，刘翔以12秒88的成绩夺得金牌，并打破了“沉睡”13年的男子110米栏世界纪录。

伤病，每个运动员都无法避免，刘翔也不例外。刘翔第一次重伤是在2006年初，当时正备战室内赛，他却在冬训中不小心崴伤了左脚。为了不影响运动生涯，刘翔退出了室内世锦赛，养伤70天。

2008年是奥运年，刘翔努力训练提高成绩，并且还获得了室内世锦赛的冠军。然而5月底赴美参加纽约大奖赛时，刘翔却因伤病退出了比赛。奥运会之前，刘翔已基本上从伤病中走了出来，训练成绩已恢复到了13秒之内。然而，奥运会男子110米栏小组赛开始前2天，刘翔再次受伤，最终退出2008年奥运比赛。

2009年上海国际田径黄金大奖赛，刘翔复出，他与特拉梅尔均跑出了13秒15的成绩，后来通过电子仪器辨别，特拉梅尔有效部位先过终点，因此刘翔获得亚军。2012年，在国际田联钻石联赛上海站110米栏决赛中，刘翔以12秒97的成绩获得冠军，这是他2008年之后第一次跑进13秒，同时也创造了当年的世界最好成绩。2012年，在伦敦奥运会男子110米栏预赛上，刘翔在攻第一个栏时，直接打栏摔倒在地，最终单腿跳过终点，无缘晋级。

2015年4月7日，刘翔发布长篇微博正式宣布退役。2015年5月，刘翔借助国际田联钻石联赛上海站的赛事向110米栏赛道告别。

苏炳添

苏炳添走上体育道路并非兴趣使然，而是为了逃避学习。年少时的苏炳添学习成绩并不理想，读初二时，他又遇到了每个学生都极度反感的事情——留校补课。后来，苏炳添发现，参加田径队的学生，无论如何不会得到“留校补课”的专享待遇。于是苏炳添打起校田径队的主意，向体育老师以口头的形式，打了申请报告。没想到当初这个单纯的想法，使他成为国际级的短跑明星。

当时，比苏炳添大9岁的表哥，是广东中山古镇的百米赛跑冠军，苏炳添喜欢跟在表哥的屁股后面，在外公家外面的空地上追逐打闹。开始接受正规训练后，苏炳添的百米成绩突飞猛进，很快超过了他的偶像——百米成绩11秒多的表哥。哥俩一次打赌中，苏炳添在体育老师监测下跑出了10秒07的成绩，表哥和老师都被他震惊了。

“当时苏炳添在学生中的个子并不算高，1米55左右，但他跳起来却能摸到篮板，弹跳和爆发能力非常好，所以一开始想让他练跳高。”苏炳添的体育老师杨永强曾说。

真正的体育训练并非那么轻松。刚到体校，苏炳添对早上5点多起床训练的生活并不适应。而且，刚到新学校没有朋友，苏炳添一个人哭了许多次，萌发了不做运动员的念头，甚至想过逃回家。最后在教练和家里人的劝导安慰下，他才慢慢习惯了体校生活，成绩也不断进步，并被招进省队。

即便是成为专业运动员后，苏炳添也险些放弃田径训练。因为苏炳添在田径队的成绩位于中游，一年之后遭遇职业瓶颈，甚至成绩有些下滑。在许多人的鼓励与自己的坚持下，他熬了过去。

2012年在伦敦奥运会男子100米比赛中，苏炳添的成绩名列小组第三，晋级半决赛，成为中国短跑史上第一位晋级奥运会男子百米半决赛的选手。2015年5月，在国际田联钻石联赛美国尤金站中，苏炳添以9秒99的成绩获得男子100米第三名，成为中国首位跑进10秒大关的人。

苏炳添告诉自己：一定要坚持！机会总会眷顾那些有准备的人，速度，属于执着于每个0.01秒的人。

怀揣着这种不服输的信念，苏炳添成了中国短跑史上里程碑式的人物。“破十对中国是个里程碑，作为中国第一人，能把自己的名字写进历史，我感到非常骄傲。但在未来的路上我还要继续努力，不要因这个成绩使自己自满，这对我来说绝对是个激励。”苏炳添接受采访时曾说。

周春秀

周春秀的父母是一对面朝黄土背朝天的农民，他们生活在河南省一个贫穷的小村子里。他们住着一座简陋的小房子，在村外有两亩地，地里种着茄子、辣椒和洋葱。中国有成千上万这样的农民，但是有一件事，让这对夫妇变得与众不同，那就是他们的女儿——周春秀，中国顶级的马拉松运动员。

1996年，周春秀从南阳体校毕业，被河南省体工队选中，主攻中长跑项目，成绩还算不错。本以为这是个不错的开始，然而医生的一张诊断书不仅让周春秀无缘第二年的全运会，甚至差点将她永远地挡在田径跑道之外。“右腿股骨头囊肿、股骨头坏死，因可能导致腿伤恶化，不能继续从事体育运动。”这对于作为运动员的周春秀来说是一份“死刑判决书”，她就此退役，进入苏州大学读书。

幸运的是，后来周春秀遇到了梁松利教练挑选马拉松人才，怀着“赌一把”的心情，她开始跟随梁松利到江苏队训练。在梁松利的指导下，周春秀的伤势有了好转，于是进入江苏省田径队改练马拉松项目。

说到当初决定改练马拉松时的想法，周春秀2012年接受采访时表示：“到现在为止，我都没有去问他（梁松利）当时选我跑马拉松的原因，可能是中距离跑强度大、对我的伤影响也比较大，马拉松虽然距离长、量大，但是强度比较小，于是他就想试验一下。当时，我也是这样的心情，想赌上一把！当时要是没有恒心，听别人劝，我就可能退役了。”

周春秀第一次亮相国际马拉松赛场，是在2003年厦门国际马拉松的赛场上。在比赛中，这位名不见经传的姑娘以2小时34分16秒的成绩第一个冲过终点，战胜了来自埃塞俄比亚的强劲对手。此后，周春秀一发不可收拾，又连续两年在厦门马拉松赛场上获得冠军，实现了她在该赛事中的“三连冠”。此外，她的成绩还包括北京国际马拉松赛“三连亚”、韩国首尔国际马拉松赛 “两连冠”等。

2007年，周春秀在伦敦国际马拉松赛上，以2小时20分38秒的成绩夺冠，这是中国选手首次夺得该项赛事的冠军、首次夺得世界六大满贯马拉松赛事的冠军。2007年9月2日，在第11届(大阪)世界田径锦标赛女子马拉松的比赛中，周春秀获得银牌，这是中国马拉松选手首次在世界锦标赛上取得奖牌。

2008年，周春秀如愿踏上北京奥运会马拉松项目的赛场，并以2小时27分07秒的成绩摘得铜牌，这是中国田径选手在奥运会马拉松项目上获得的首枚奖牌。这是周春秀第二次参加奥运会。2004年雅典奥运会上，她因水土不服等原因，未获得奖牌。周春秀改练马拉松项目后，屡获佳绩，成为中国女子田径的代表性人物。直到2011年，周春秀与男友结婚，她逐渐淡出了马拉松比赛的赛场。

多布杰

2019年，在徐州国际马拉松赛上，多布杰以2小时10分31秒的成绩夺得男子全马冠军，达到了东京奥运会2小时11分30秒的参赛标准。距离跑进2小时10分仅剩一步之遥。此前，中国马拉松历史上跑进2小时10分的只有三人。

在2018年中国田径队的一次公开训练课上，多布杰的教练格桑次仁说：“多布杰是一位很棒的运动员，他能吃苦、敢拼搏，只想着跑出好成绩，为中国争光。”为国争光，是许多国人的愿望，但对于成长于拉萨农村地区的藏族少年多布杰来说，让五星红旗在国际赛场上飘起，是他最大的骄傲和自豪。

1994年出生的多布杰，来自拉萨达孜县，父母都是农民。家里以种青稞、养牦牛为生，他是那个宁静村庄里走出的唯一一名运动员。

多布杰的家乡位于海拔4000米左右，拉萨河从他的家乡穿境而过。多布杰家在山区里，每当假期的时候，多布杰和表哥就到山上去放牦牛，一出去就是一整天。除放牛之外，他们上下学也很锻炼体力。多布杰家距离学校有6公里，山区里的孩子没那么金贵，每天他和同学们蹦蹦跳跳地就完成了家到学校、学校到家的这段路程。

每次学校运动会上，多布杰都会获得跑步冠军，因此他被选为体育委员。多布杰15岁那年，西藏自治区体校到达孜县选材，多布杰3000米跑的成绩名列第一。听说体校毕业能安排工作，原本打算读完初三就回家种地养牦牛的多布杰心动了！此后，“放牛娃”走上了蜕变之路。父母有些担心多布杰的身体，因为一次运动会后他的鼻血断断续续地流了一夜，但他还是坚持要去。

2014年，多布杰在江苏昆山举行的全国田径大奖赛中包揽了5000米和10000米的冠军。两个月后，他又在全国田径冠军赛暨大奖赛总决赛中再夺5000米金牌，并改写了个人的最好成绩纪录。

2016年，多布杰跑完了人生的第一场马拉松。在重庆马拉松赛场上，他首马便跑出了2小时13分16秒的成绩，成功入选里约奥运会的大名单。但在里约奥运会上，多布杰发挥不佳，仅以2小时24分22秒的成绩获得了第91名。

2017年9月，全运会万米决赛上，多布杰跑出了28分26秒86的成绩，战胜老将董国建夺得金牌。尽管多布杰已经是国内万米赛的头号选手，但格桑坦言，非洲选手在5000米和10000米赛场上实力强劲，要想在奥运会比赛中创造奇迹，只能转攻马拉松项目。马拉松运动员的黄金年龄在26到30岁之间，多布杰有潜力，也有时间。2018年8月，多布杰夺得雅加达亚运会男子马拉松比赛的铜牌，这也是中国男子马拉松运动员首次获得亚运会奖牌。

不过，多布杰还是喜欢低调和踏实地训练。多布杰曾在一次西藏跑半程马拉松夺冠后感慨：“做梦都没想到，自己居然从农村的放牛娃开始逐渐成长为国家级运动健将。”

埃鲁德·基普乔格

2019年10月12日，在奥地利首都维也纳进行的“Ineos1：59”挑战赛中，基普乔格以1小时59分40秒的成绩完赛，成为世界上首位马拉松跑进2小时的运动员。对此，基普乔格说：“这是关于历史的，是关于留下遗产的。是为了激励人们。如果我跑进了2小时，这将意味着很多。”

基普乔格曾表示，虽然马拉松跑进2小时突破人类极限的道路上充满了未知，但他坚信未知是用来被突破的，因此想用脚步来证明人类没有极限。如今，他做到了！实际上，这个成绩的意义已经远远超出马拉松本身。这将激励全球每个国家和社群的每一位跑者不断挖掘自己的潜能。

基普乔格出生在肯尼亚西部南迪县的一个村庄里，这里是一个距离“世界跑步之都”埃尔多雷特只有几十公里的穷乡僻壤。跑步是基普乔格最早接触的运动方式，这让他在童年时期获得了积极的运动体验。基普乔格家境贫寒，小学时他每天要跑步四次，单程五六公里。因为时间有限，如果不跑步，上课可能会迟到。

基普乔格认为跑步是最好的教育，可以让每个人都参与进来，包括边远贫困地区的人群。基普乔格16岁参加国际比赛，2003年赢得世界锦标赛5000米跑的冠军。从那时起到马拉松跑进2小时以内，每一次取得的成绩都是他挑战自我、超越极限、永不放弃的结果。对跑步的热爱让基普乔格更好地保持了注意力集中，坚守自己的信念。他坚信无论是在运动方面，还是在其他事情上，每个人都会遇到高潮或低潮，但你只要把它当作是一种挑战，不放弃就会有所收获。

扫码看视频

卡尔·刘易斯

1961年，卡尔·刘易斯出生于美国伯明翰的一个体育世家。1997年，卡尔·刘易斯宣布退役。在职业生涯中，刘易斯在奥运会和世界锦标赛上共获得17枚金牌、2枚银牌和1枚铜牌，共13次打破100米、200米及跳远的世界纪录。1973年，年仅12岁的刘易斯获得了纪念杰西·欧文斯田径比赛该年龄组的跳远冠军，并得到了欧文斯本人鼓励。1979年，18岁的刘易斯进入休斯顿大学，遇到了对他影响巨大的汤姆·戴勒斯教练。根据刘易斯的特点，戴勒斯给他以积极指导，使刘易斯形成了23步、长达52米的跳远助跑，刘易斯当时的速度能达到每秒11.80米，超过了所有的跳远运动员。

1980年，刘易斯开启他的职业生涯。1983年5月，刘易斯在美国国内一场比赛中跑出9秒97的好成绩，只比当时的男子100米世界纪录慢了0.02秒。1984年洛杉矶奥运会上，刘易斯一战成名。他一人为美国代表团夺得4枚金牌，分别是100米、200米、跳远和4×100米接力，刘易斯把其中一枚金牌送给了欧文斯的遗孀以表示对欧文斯的尊敬，另外三枚金牌送给了自己的父母以报答他们的养育之恩。

1988年汉城奥运会，约翰逊在100米决赛上，以9秒79的成绩夺冠并打破世界纪录，但三天后他的药检结果呈阳性，刘易斯因此递补那届奥运会的男子100米金牌。1991年东京第3届田径世锦赛男子100米赛，刘易斯跑出了9秒86的成绩夺冠，并打破了世界纪录。

巴塞罗那奥运会，刘易斯拿到跳远和男子4X100米接力两块金牌。在男子4X100米接力决赛中，刘易斯跑第四棒，他率领美国队以37秒40创造了新的世界纪录。1996年亚特兰大奥运会，35岁的刘易斯连续第四次参加奥运，他实现了在男子跳远比赛中罕见的奥运四连冠，并拿到个人第九块奥运金牌。

保拉·拉德克里夫

拉德克里夫是女子马拉松项目上最伟大的选手之一，她多次刷新了女子马拉松的世界纪录。在2015年的伦敦马拉松比赛中，拉德克利夫宣布退役，随后便成为体育频道的解说员。她曾在2018年参加了中国的广州马拉松，而且在晚餐时说：“简直棒极了，中国竟然有这么多人喜欢跑步！这真让人惊讶。”

2004年，正是拉德克里夫如日中天之时，她却因雅典奥运会前使用止痛药，引起身体不适，未能完成马拉松和万米跑的比赛。雅典奥运会的失利不仅带给拉德克里夫心灵上的创伤，也让她身体多年积累下的各种伤病总爆发。此时，拉德克里夫想到了退役，但是她丈夫兼马拉松教练凯利·拉夫不同意，他坚信妻子仍然是跑道上的王者。

凯利·拉夫曾经是英国1500米跑选手，和拉德克里夫感情笃深，但当妻子训练和比赛时，他就是出了名的“严夫”。2001年，在加拿大埃德蒙顿举行的世界田径锦标赛女子10000米的冲刺阶段，拉德克里夫没有遵从丈夫的战术安排而丢掉冠军，这惹得拉夫当即冲着转播镜头大吼：“你为什么要那么跑？”这一幕被电视机前的拉德克里夫的母亲逮个正着，拉夫第二天就接到丈母娘的电话：“你真是个神经病！”

迈克尔·约翰逊

如果翻看约翰逊在赛场上的履历，只能用“辉煌”来形容。他曾获得过五枚奥运金牌，并且参加了1991年到1999年的连续5届世界田径锦标赛。作为“金牌收割机”，他在奥运会赛场和世锦赛跑道上都只夺金牌——没有一枚银牌或铜牌。

1992年的巴塞罗那奥运会上，约翰逊获得了自己的奥运首金，此后一直到亚特兰大奥运会前，约翰逊几乎“统治”了中短跑跑道，他连续7年在54场400米国际大赛中保持不败。

1996年，约翰逊迎来了职业生涯的巅峰。在亚特兰大奥运会上，他一口气夺得了两枚金牌。其中在400米比赛中，约翰森以领先第二名10多米的绝对优势夺冠，并以43秒49的成绩打破了奥运会纪录。这也是奥运会该项比赛历史上夺冠领先优势最大的一次。

一直到2001年约翰逊挂靴，他都是田径场上不可战胜的神话。

退役后，约翰逊投身于体育教育，他给孩子们的建议是：“永远要相信自己，不要太在意别人的目光。”

史蒂夫·普雷方丹

“许多人跑步是在比谁跑的最快，而我跑步是在比谁具备万丈雄心”——史蒂夫·普雷方丹，他是美国20世纪70年代传奇中长跑巨星，1975年死于车祸，年仅24岁。普雷方丹曾创下从2000米到10000米之间的全部七项美国长跑纪录，电影《阿普正传》和《永无止境》的很多情节都是改编自他的生平事迹。

1973年，刚成立两年的新公司耐克便签下隶属于品牌的第一位明星跑者史蒂夫·普雷方丹。这位来自俄勒冈的运动员在1972年慕尼黑奥运会田径场上奋勇拼搏，拥有多项美国长跑纪录的史蒂夫·普雷方丹随即登上了《体育画报》的封面，并被誉为“美国长跑奇才”。

22岁时他已经是美国最负盛名的田径运动员。他拥有战士般的决心，每场比赛都仿佛是一场生死之战。他的竞争精神、勇猛的比赛战术，以及与生俱来的人格魅力令观众着迷，激励着此后的跑者坚持这项运动并为之倾注一切。

普雷方丹还推动了美国业余田径事业的发展，打破了此前禁锢业余运动员的美国体育联盟（AAU）的不平等规定。

教研员反馈

使用感想（一）

“活力校园”是一项耐克与中国教育部长期战略合作的项目，致力于在学校培育运动文化及开展体育教育创新，激发学校和体育教师的积极性和创造性，更有效地开展校园体育。

普陀区从2016年的四所“活力校园”试点学校发展到2017年的二十四所“活力校园”试点学校，通过送教上门、教师培训、教材开发等方式，推动了整个区域学校体育的开展。从最初试点时的足球课程到现在的跑步课程、亲子活动、篮球课程和花样跳绳。由于课程的推进，为普陀小学体育教师拓宽了教学思路、更新了教学理念等，同时也丰富了体育课堂教学，让孩子们身心投入地动起来。

特别值得一提的是，学生通过跑步课程，在课堂上学习跑步的正确姿势、动作技术，通过各种跑步游戏体验快乐！作为活力校园跑步课程的延伸，普陀区各试点校还组织学生参与面向青少年的上马Speed X系列赛 • 耐克少儿跑及上海国际马拉松赛健康亲子跑活动，普陀的小跑者们每次都顽强拼搏、相互鼓励，安全顺利地跑完全程。

上海市普陀区教育学院小学体育教研员——陶霞

使用感想（二）

上海市学校体育课程改革正处在改革的攻坚阶段和发展的关键时期，上海市教委提出了“小学体育兴趣化、初中体育多样化、高中体育专项化”的体育课程改革要求。“活力校园”项目以实际行动助力于体育课程改革，我们的老师和孩子是最大的受益者，每一次培训能带给体育老师更宽阔的眼界，将理论和实践有效融合，以“知”导“行”，通过浸润式的体验，激发了教师的积极性和创造性。“活力校园”以“知行合一”的培训模式，帮助教师从“想到”到“做到”，从而化“指导者”为“参与者”，变“倾听者”为“实践者”，让每个孩子玩在其中、学在其中，为我们的体育课堂注入了新的元素，带来了一定的变化，让孩子们在活动中动起来、乐开怀。

“活力校园跑步教材”让孩子们在游戏化、趣味化的学习环境中掌握了跑步的正确姿势、动作技术，在参与各种跑步游戏中体验了成功的喜悦，充分调动孩子们的积极性，增强趣味性。特别是每达成一定的公里数将设有特别的奖励，积累到一个全马公里数时，孩子们将获得大奖，孩子们在课堂中不断挑战自我，克服困难，积累跑步里程，换取跑步里程章。“活力校园跑步教材”更多的是演绎“用跑步”为孩子们带来积极改变的体育精神。

上海市杨浦区教师进修学院小学体育教研员——施利娟

使用感想（三）

本学期，活力校园开发的耐克跑步课程进入我区的校园。跑步的课程设计，对小学学段的学生有较强的针对性，能充分结合趣味性和专业性，具体包括广泛参与、适龄、强度适当、好玩、激励的机制、及时给出反馈、训练有素的教练这七个要素。

在“活力校园”跑步课程中，充分调动孩子们的积极性，增强趣味性，每达成一定的公里数将设有特别的奖励，积累到一个全马公里数时，孩子们将获得大奖。跑步教材实践整体设计合理，游戏方法新颖，游戏名称有创意，游戏内容符合教材主题，运动量适宜，学生实践下来兴趣浓厚，都能积极主动参与活动中。在难度与变量环节中也有更好的活动方法建议，变量内容在原来游戏方法上得以升华，学生非常感兴趣。通过整体课程实践，充分体现了课时设计从学生兴趣出发，发展全体学生，让学生学会锻炼方法，提高身体活动能力，课程设计中还注重学生的安全教育、规则要求和责任意识的培养，还强调培养学生的体育精神，合作意识和团队精神。

“活力校园”跑步课程成了孩子们校内体育课的一部分，每周一次，由“活力校园”教练入校，与学校体育老师一同授课。希望能将教学时间调整到每课时35分钟，四课时的内容调整到六课时左右并可以提高每课的运动量。

上海市静安区教育学院小学体育教研员——洪晔

致　谢

本书由钟秉枢主编，同时感谢白婧、柴舜尧、陈杨明、程科、付雅娜、郭丽红、贺丽霞、李丹阳、李良东、李振兴、李萍萍、刘青云、马克、毛辰玮、施京、石岩、陶霞、江朋、王蓓蓓、王亚丽、王允娜、杨婕、于海泽、于冉、张荣晋、张瑞、赵佳尧、朱健、朱敬文等为本套教学用书编写工作付出的不懈努力。

在本书编写过程中，我们还得到了来自上海、北京、大连、广州、河南、浙江多地体育教育战线同志们的大力支持，特此感谢车纯、陈浩坚、陈七明、崔兵、范向阳、付英杰、何思帆、洪晔、汲海、刘国成、马恩福、马宏、马红梅、任海江、施利娟、索玉华、孙海成、陶瑾、王岩洪、吴新华、谢利、姚正等教师为我们提出的建议与帮助。